U0895763

外语·文化·教学论丛

辅以语料库的新认知教学法在英语教学中的应用

黄剑平 著

目 录

第 1 章　语言学概述

为了便于读者从语言学研究的历史进程中了解现今的认知语言学现状与本书的中心——“辅以语料库的新认知教学法在英语教学中的应用”中的新认知教学法的产生背景，本书先谈以下两方面的内容：一是梳理一下认知语言学；二是梳理一下新认知教学法产生前有过的一些主要教学法流派，以便读者能对认知语言学的现状有较全面的了解，也使读者对新认知教学法的产生背景有一个大概的了解。然后探讨“辅以语料库的新认知教学法在英语教学中的应用”问题。

本章将简要地概述一下认知语言学的渊源及认知语言学形成以前的一些语言学流派，以便读者更容易理解认知语言学和新认知教学法的形成过程。

1.1　认知语言学的渊源

老子(约公元前 581—公元前 500)在《道德经》里说道：“道可道，非常道。名可名，非常名。无名，天地之始。有名，万物之母。”(一章)。老子认为，万有生于无，在原始的时候是没有“名”的，所以说，“无名，天地之始”；后来有了“名”才有万物，所以说，“有名，万物之母”。因为无名先于有名，所以说，“道可道，非常道。名可名，非常名”。

从这里我们可以看出，在人们先民开始认知世界时，世间充满了万物，杂乱无章，万物无名。由于先民与客观世界的相互作用，先民对客观世界

一步一步地认识，给客观世界的万物取名，世界上才有了人们心中的万物。所以，有名才有万物。

那么，怎样给客观世界里的万物制成各种不同的“名”来指称客观世界中的万物实体呢？荀子(约公元前 313—公元前 238)认为那是“所像而以同异”之故(岑麒祥，2008：18)。荀子认为凡是同种类、同感情的人，他的“天宫”对于外物引起的意象多是相同的，因此把它们互相比较，找出其共同点，互相期许，共同定出一个简约的名来。但是“天宫”之感于物，不仅知其同，而且能别其异。通过眼可以辨别各种形体和色理，通过耳可以辨别各种声音，通过口可以辨别各种味道，通过鼻可以辨别各种气味，通过形体可以辨别冷、热、轻、重等特性，通过心可以辨别喜、怒、哀、乐、爱、恶、欲等情感。心又能证明各种知觉，所以可以由耳知道各种声音，由眼知道各种形体，但是证明知觉还有待于“天宫”之能记明其种类。假如五官记明了还不知道，心证明了还说不出来，那就是不知道了。荀子《正名篇》原文：

> 形体色理以目异，声音清浊调节奇声以耳异，甘苦咸淡辛酸奇味以口异，香臭芬郁腥臊洒酸奇臭以鼻异，疾养冷热滑铍轻重以形体异，说故喜怒哀乐爱恶欲以心异。心有征知，知则缘耳而知声可也，缘目而知形可也。然而征知必将待天官之当薄其类然后可也。五官薄之而不知，心怔知而无说，则人莫不然谓之不知，此所缘而以同异也。

既然能凭五官来辨别各种事物的异同，那么怎样去制定各种名称呢？荀子接着说：

> 然后随而命之；同则同之，异则异之；单足以与喻则单；单不足以喻则兼；单与兼无所相避则共，虽共，不为害矣。知异实者之异名也，故使异实者莫不异名也，不可乱也，犹使同实者莫不同名也。故万物虽众，有时而欲遍举之，故谓之“物”。物也者，大共名也。推而共之，共则有共，至于无共然后止。有时而欲偏举之，故谓之“鸟兽”。“鸟兽”也者，大别名也。推而别之，别则有别，至于无别然后止。名无固宜，约之以命，约定俗成谓之宜，异于约则谓之不宜。名无固实，约之以命实，约定俗成谓之实名。名有固善，径易而不拂，谓之善名。……此制名之枢要也。

荀子这段话不仅指出“名”可以按事物的同异而分为“大共名”和“大别名”，而且“名”还具有社会性质，所以说，“名无固宜，约之以命。约定俗成谓之宜，异于约则谓之不宜”。事物与名称之间本来并没有自然和必然的关系，用什么名称来指什么事物完全取决于社会的自由选择。荀子的这段话也可以说是本书要讨论的认知语言学和新认知教学法的先驱。

1.2　结构主义语言学

结构主义语言学是在认识到了历史比较语言学的不足之处而发展起来的。历史比较语言学主要有以下一些问题：

(1)历史比较语言学只关注语言的历史演变和发展历程，而对语言的共时存在状况研究不够。

(2)历史比较语言学只满足于对局部语料的基础进行演绎性研究，不重视对具体语言的全面系统的调查和归纳，这就很难保证其通过推理的结论的可靠性。(杜道流，2008：89)

对于这些不足，菲尔迪南·索绪尔(Ferdinand de Saussure)(1857—1913)进行了批评。在教学活动中，索绪尔开始讲授全新的语言学观点。在他逝世三周年时，他的一些在他的课堂上听课的弟子将他的讲课内容整理出版，这就是《普通语言学教程》。《普通语言学教程》成了结构主义语言学的奠基作，索绪尔也成了现代语言学的奠基人。

在语言观上，结构主义坚持如下看法：

(1)语言的符号性。即语言是音义结合的符号，语音是语言的符号形式，语义是符号的内容，两者的直接结合具有任意性和强制性(约定俗成)的特点。

(2)语言符号具有系统性。即语言符号是由各要素和单位组成的系统。语言单位可以分成不同的层级，最大的单位是句子，最小的单位是音位，每个层级的单位都具有组合和聚合两大特征。正是这两大特征把语言组成一个有机的系统。

在方法上，结构主义语言学采用归纳的研究语言材料，他们重视具体的语料采集与整理分析，重视通过材料得出的规则。他们坚持如下三个方

法论原则：

(1)同一性原则。即当人们用一些事实解释另一些事实时，这些事实从理论的对象方面看必须是同类性质的，在该理论范围内不能用它对象以外的事实来作科学的解释。

(2)一贯性原则。即当用某种理论概括或解释某种语言现象时，在该理论的范围内不容许有逻辑上的矛盾。

(3)统一性原则。所谓统一性原则就是运用某种理论研究某种语言现象时，应当把所研究对象的各个部门依照同一性原则联系起来。为了联系一种科学的各个部门就必须找出这些部门所固有的共同规律。

在哲学上，结构主义以胡塞尔(Husserl)的现象学为哲学基础(岑麒祥，2008：241)。对语言只重视归纳与描写，不重视演绎和解释，使得结构主义无法建立一个完善的高度概括性的理论体系来解释各种语言规律之间的内在联系和形成的理据。结构主义的这些不足，也是催生转换生成语言学产生的主要原因。

美国结构主义语言学的代表应首推布龙菲尔德(Leonard Bloomfield)。布龙菲尔德由于受到华生(J. B. Watson)的行为主义的影响，坚持机械主义语言观。他主要依据行为主义(Behaviorism)的“刺激-反应”公式来解释人类的言语行为。他认为(杜道流，2008：154)，人类的言语行为跟任何有机体的行为一样，同样可由对在某种环境下呈现的刺激反应的描写解释清楚。

例如，什么叫语言？布龙菲尔德在《语言论》第二章设想出一个叫杰克(Jack)的男子和一个叫琪儿(Jill)的女子来。他们走在一条小路上，琪儿肚子饿了，看见树上有一个苹果，于是用喉咙、舌头和嘴唇发出一些声音来。杰克听见了就跳过篱笆，爬上树去，把那苹果摘下来递给琪儿吃。这一系列的活动可分为语言行为(Act of Speech)和实际事件(Practical Event)。这个故事则可分为三部分：

(1)语言行为之前的实际事件；

(2)语言；

(3)语言行为之后的实际事件。

布龙菲尔德从这里看出了一连串的刺激和反应：说话人的刺激、语言、听话人的反应。布龙菲尔德从由说话人的刺激和听话人的反应构成的整个活动中得出三条原则：第一，语言可以在一个人受到刺激时让另一个人作出反应；第二，劳动分工及人类社会按分工原则进行活动都靠语言；第三，说话人和听话人身体之间原有的一段距离(两个互不相连的神经系统)由声波作了桥梁。这一连串的事项可以从很多方面加以研究。例如，说话人的刺激还可以包括语言行为之前的实际事项，听话人的反应也可包括言语行为之后的实际事项。现在用 S(Stimulus)代表刺激，R(Response)代表反应。一个实际的刺激 S 可以促使听话人作出实际反应，那就是语言的代替性刺激(s)，同样，在某种情况下，听话人的反应也可能没有实际刺激，那就是语言的代替性反应(r)。用刺激引起反应，无论是人类或其他动物都会做的。它的图式是 S→R，没有言语的反应，但如果是以言语作中介的反应，那图形就是 S→r…s→R，用虚线表示其中的联系。语言学的主要任务就要研究这种作为刺激和反应中介的言语。

1.3　转换生成语言学

1957 年，年轻的美国语言学家乔姆斯基(Noam Chomsky，1928—)出版了他的成名作《句法结构》(*Syntactic Structure*)，把整个西方语言学史推进到了一个新的历史阶段——转换生成语言学(TG)时期。

在西方哲学界，自文艺复兴以来长期存在经验主义和理性主义的对立。美国的结构主义语言学就是建立在经验主义哲学和以此为基础的行为主义心理学之上的。而到了 20 世纪 50 年代，随着人们对两次世界大战中人类行为的反思，在美国，人们又重新举起理性主义哲学的大旗，经验主义哲学受到严重挑战。乔姆斯基接受理性主义哲学，把笛卡尔(Descartes，1596—1650)的哲学作为自己的思想理论基础，并把它运用到语言学研究中去。

乔姆斯基发现结构主义和行为主义心理学的“刺激-反应”解释不了很多语言问题。例如，一个儿童一般在五六岁时就可以掌握母语，这个年龄段的儿童智力还不是很发达，学习其他知识还相当困难，而学习语言却如此容易。同时，儿童所接触的话语是有限的，可是，儿童却能够说出从来没有说过的句子，也可以听懂从来没有听过的话。这些现象用“刺激-反应”论解释不通。因此，他从理性主义出发提出了他自己的语言观。

乔姆斯基认为，从根本上来说，语言是人的一种能力，人的这种语言能力是天生的，人的大脑里与生俱来就有一套“语言习得装置”(Language Acquisition Device)。这套装置里储存有“普遍语法”(Universal Grammar)。“普遍语法”包括了人类语言的一切共同特点，是一切人类语言必须具有的原则、条件和规则系统，代表了人类语言最基本的东西，它对任何人来讲都是不变的。语言学研究的主要任务就是揭示这套“普遍语法”，即儿童大脑的初始状态和内化了的语法规则。从这个意义上讲，语言学是认知心理学的一部分。他把人的语言能力(Language Competence)和语言行为(Language Performance)区分开来。

1965年，乔姆斯基出版了《句法理论的若干问题》一书，该书被看成是转换生成语言学标准理论的代表作。在这本书中，乔姆斯基提出了深层结构(Deep Structure)和表层结构(Surface Structure)理论，并把语义问题纳入到语法研究之中，同时对转换规则提出了限制。

乔姆斯基认为，任何句子都可以分成深层结构和表层结构，深层结构确定句子的语义解释，表层结构确定句子的语音形式，任何表层结构都是由深层结构转换而成的。句法描写(Syntactic Description，简称SD)涉及深层结构分析和表层结构分析两个方面。深层结构不等于表层结构，表层结构是句子的表述形式，深层结构存在于人的“语言能力”之中，属于人们对语言的内在知识。他认为，应该把人对语言的内在知识和具体使用语言的行为区别开来，即把“语言能力”和“语言行为”区别开来，因为前者是与生俱来的，决定人们对语言的创造性，而后者仅仅是实际应用语言的活动。因此他指出，语言研究的对象应该是语言能力而不是语言行为，语法研究要能够对人们的语言能力作出充分的解释，所以对转换生成语法来说，解释比描写更重要。

为了说明深层结构和表层结构之间的关系，乔姆斯基提出了新的语法模式。他认为转换生成语法应该由三部分组成，即句法部分、音位部分和语义部分。句法部分包括基础部分和转换部分，它可以生成许多句法描写(SD)，每一个句法描写都有一个深层结构和表层结构；音位部分赋予表层结构以语音表现；语义部分赋予深层结构以语义的解释。句法部分中的基础部分又包括范畴部分(Category Component)和词库(Lexicon)部分，范畴部分包含一系列的规则，词库部分则包括词项的集合和次范畴规则(Subcategorization Rule)。这个新语法模式可用表 1-1 表示。

表 1-1　乔姆斯基的新语法模式

句法→转换部分→表层结构→音位部分→语音表达

}　　　↖　　↑　　　　SD

部分→基础部分→深层结构→语义部分→语义表达

其中，基础部分生成深层结构，其范畴部分的基本规则主要是重写规则(Rewriting Rule)，重写规则的形式为：

A→Z / X-Y

这个形式表示："A 可以改写成出现在 X-Y 语境里的 Z"，其中的"/"表示"Z"出现的位置。如下面的句子：

The boy likes the picture. 就包含以下重写规则：

S → NP ∩ VP　(The boy / likes the picture)

NP → Det ∩ N　(the / boy)

VP → V ∩ NP　(likes / the picture)

NP → Det ∩ N　(the / picture)

其中 S，NP，VP，N，V，Det 都是范畴符号(Category Symbol)，S 表示句子，N 表示名词，V 表示动词，NP 表示名词词组，VP 表示动词词组，Det 表示限定词；the，boy，like，picture 是"词汇成分"(Lexical Item)，likes 中的"-s"是语法成分(Grammatical Item)，两者统称"成素"(Formative)。以上这些符号和成分可以组成"符号列"(String)。

重写规则属于与上下文无关规则，是按顺序执行的，其主要作用是描写和规定深层结构中的基本语法关系。

词库中的次范畴规则是把范畴部分出现的范畴再分成小类，如：

N → [+N，± Common]

[+ Common] → [+ Count]

[+ Count] → [± Animate]

[+ Animate] → [± Human]

[－Count] → [± Abstract]

次范畴规则又可分成语境无关(context-free)的次范畴规则和语境有关(context-sensitive)的次范畴规则。

与语境无关的次范畴规则不受语境限制，如：

N → [+ N，± Common]

在任何语境中都可以成立。

与语境有关的次范畴规则是选择规则，受语境制约，如：

V → [+ V，± Transitive] /—NP

这条规则说明动词可以重写成出现在 NP 前具有及物性(+Transitive)的动词。

次范畴规则确定语法成分的语法特征。

转换部分的作用是把通过基础部分生成的结构转换成句子表层结构，转换的规则主要有移位、删略、添加、复写等。

转换生成语法系统中的另外两部分——音位部分和语义部分在句子的生成过程中不起作用，只是对已经生成的结构进行解释。音位部分把句法组成部分生成的结构同语音信号联系起来。音位部分有一套规则，把表层结构中的词汇成分转化为语音表达形式。而语义部分则规定句子的语义解释。词库中每一个词项的意义，可以通过语义部分进行形式描述。语义部分在对词项的语义成分分析后，运用投影规则把句子的深层结构和句子的语义表达联系起来。如对"The man hits the colorful ball."，语义部分的解释为：

Sentence：[+ Physical Object] [+ Human] [+ Adult] [+ Male]

→ [+ Action] [+ In Stancy]

→ [+ Physical Object][+ Color]

这样，句子的深层语义结构就得到了一个形式化的表达。

乔姆斯基后来对这些标准理论进行了修改，形成了扩充式标准理论，也叫修正后扩充式标准理论(Revised Extended Standard Theory)，简称REST，包括"短语结构规则"、"词汇"、"转换部分"、"踪迹"、"限制规则"、"省略规则"、"过滤规则"、"格规则原理"、"控制理论"、"逻辑式"、"制约理论"以及最后的"语言学理论的最简方案"。

乔姆斯基在美国语言学中开辟了一个新的路径，他突破了描写语言学的框架，他的转换生成语法与结构主义描写语言学有以下许多不同：

(1)理性主义。乔姆斯基继承了 17 世纪法国波尔·洛瓦雅尔的唯理语法的传统，继承了 19 世纪洪堡特关于语言是一种创造能力及语言有“内部形式”的学说，这与结构主义的经验主义有本质的不同。

(2)先天论。乔姆斯基假设人类具有一种先天的语言习得机制，正因为有这一机制，才使人类区别于其他动物，能生成并理解语言。而美国描写语言学把语言看成是习惯的行为，语言是后天习得的。

(3)演绎的方法。结构主义采用归纳法，根据收集到的语料进行描写。乔姆斯基采用逻辑和数学的方法把语言描写形式化。他认为，根据他制定的规则系统，人们可以推导出各种语言形式。

(4)强调解释力。乔姆斯基认为语言学家不能像描写语言学那样只满足于对语言素材的描写，更重要的是对人类语言现象和能力作出解释。解释力的大小是衡量语言理论的主要标准。

(5)形式化。结构主义重视对语言材料的实质分析，转换生成语言学要求高度的形式化。无论是论证还是描述，都要像数学那样运用一些公理和公式，一步一步地推导。要重视类型而不仅仅是实例。

(6)着眼于语言能力。乔姆斯基区分了语言能力和语言行为，认为语言研究不能只研究语言行为，而应深入研究语言能力，转换生成语言学理论要解释人类的语言能力。因此他认为语言学是认知心理学的一个分支，或者更广泛地说，语言学是生物学的一部分。他把语言研究和认知研究结合起来。

(7)强生成力。结构主义的短语结构语法也有生成力，但较弱。转换生成语言学不仅能生成深层结构，还能从深层结构转换成表层结构，所以它的生成能力较强，还可以说明语言结构动态的变换。

(8)重视共性。结构主义着眼于具体语言，对语言作个性的描写；转换生成语言学重视语言的普遍现象和规律，注重语言的共性。(彭兰玉，2007：285)

1.4 系统功能语言学

系统功能主义主要指韩礼德(M. A. K. Halliday)的系统功能语法理论。其核心内容主要体现如下。

一、结构观

结构(Structure)是为了说明语言的连续事实间的象似性而设立的范畴。(杜道流，2008：219) 结构是由符号按线性方式排列的，每一个符号即是一个单位(Unit)。韩礼德认为，单位本身也是一个层级体系(Hierarchy)，每一个单位都包含一个或一个以上的、紧跟在下面的单位。在层级的体系中，每一个单位都有自己的级别(Rank)，这个级别就是这个单位在层级体系的位置。如英语语法中的基本单位是：句子、子句、词组、词、词素。句子由子句组成，子句由词组组成，词组由词组成，词由词素组成。按大小顺序排列起来，就成了一个级阶(Rank Scale)，如表 1-2 所示。

表 1-2　级阶

句子
子句
词组
词
词素

每一个单位由下一组的单位组成，并为上一级的单位提供组成成分。一个单位只能包含下级的完整单位。一个单位不能包含下两级或三级的单位。每个单位都在自己的级别上体现着各种关系，如对“意义”(Meaning)、“形式”(Form)和“实体”(Substance)的选择关系等。由此一个句子往往由许多单位组成，这些单位呈现单维、线性排列，形成一个连锁轴。出现在连锁轴上的是大小不同的结构，有主位结构、文字结构、语法结构和词汇结构。在这些结构的任一点，又有选择的可能，这样，连锁轴就变成了选择轴(Axis of Choice)。选择轴上的每一成分都按照一定的条件进行选择，由于选择的不同，在选择轴上就出现了对比关系(Contrast)，如音位对比、词汇对比等。正是对比关系赋予语言单位以意义，没有对比就没有交际。选择轴把没有出现的单位也联系起来。这就形成了相应的语法，在选择轴上的语法就是结构。结构是由具有各种独特作用的单位构成的层级

体系。这样，人们在研究中，就可以根据上一级单位的结构给单位分类，同时，又可以按照下一级单位的类别给结构分类。

二、系统观

韩礼德认为，结构研究的只是语言的表层形式，要全面开展语言研究工作，还必须研究语言的深层形式，也就是研究语言的“意义潜势”(Meaning Potential)，这就是系统研究。语言系统是一种可以进行语义选择的网络，是一份可供说话者进行有效选择的清单。人类使用语言的目的就是要表达意义和进行交际。而人是生活在一定社团中的，所以人们所表达的意义完全受制于他们所处的社团的发展水平、文化背景、社会环节和生活环境等因素。人们使用语言，实际上就是对这些相关的因素进行选择，语言不提供社会交际中无需表达的意义选择。如下面两个句子：

(1) Close the door.（关上门。）

(2) Would you close the door, please?（请关上门好吗？）

这两句话的主题完全一样，但出现的直接情境不一样。第一句一般用于熟人之间，相互不必客气。第二句通常用于不太熟悉的人之间，双方要讲究礼貌。说话人就要根据情境进行选择。在语言的每一个层次(如语义层、语法层、音位层)上，系统都提供一个意义组成，其中的结合成分被称为“义项”(Term)。如英语中常见的系统如表 1-3。

表 1-3 英语中常见的系统

系统		义项
人称系统	→	（第一人称、第二人称、第三人称）
数的系统	→	（单数、复数）
性的系统	→	（阴性、阳性、中性）
时态系统	→	（过去时、现在时、将来时）

义项只是一种语义潜势，说话者必须根据所表示的意义，在系统中作出适当的选择。人们在选择时只选择系统条件得到了满足的义项，并且只能选择一个义项(如选择了第一人称就不能选择第二或第三人称，选择了单数就不能选择复数)。

系统有三个特征：第一，一个系统内的选择是互相排斥的，选择其一，则不能再选其二。第二，每个系统都是有限的，能够准确地说出它所包含的选择数目。第三，系统中的每一个选择的意义取决于其他选择的意义。如果其中一个意义改变了，其他选择也要跟着改变。

三、功能观

韩礼德认为，要揭示语言的内部规律首先就要了解语言是如何使用的，因为语言是在使用的过程中不断演变的，语言的社会功能一定会影响到语言本身的特性，语言功能和语言系统之间有着直接的关系。因此，探讨语言的功能和语言本身之间的关系是语言研究的一个极其重要的方面。

韩礼德认为语言的功能主要体现在以下七个方面，即：工具功能(Instrumental，儿童可以运用语言得到想要的东西)、节制功能(Regulatory，成人通过控制和调节自己的行为，自己也可以使用语言来节制伙伴)、交际功能(Interactional，用语言实施自己和他人的交往)、个人功能(Personal，通过语言显示自己的存在，实现自己的个性)、启发功能(Heuristic，语言帮助儿童认识周围世界)、想象功能(Imaginative，儿童可以用语言创造自己的世界，这个世界与周围环境可能毫无关系)、信息功能(Informative，用语言传递信息，来表达命题，对儿童来说这是最不重要的功能)。但对成人来说，语言的功能就减少为三种宏观功能(Macro-function)，即：概念功能(Ideational Function)、人际功能(Interpersonal Function)和语篇功能(Textual Function)。

1. 概念功能

概念功能包括经验功能(Experiential Function)和逻辑功能(Logical Function)。经验功能与话语的内容相联系，它是说话人对外部环境反应的再现，是说话人关于各种现象的外部世界和自我意识的内部世界的经验。在语言中，体现经验功能的是经验系统，这个系统主要解决意义的选择问题。这方面的任务主要由及物性(Transitivity)网络系统来完成，及物性表示动词的“过程”(Process)和所涉及的人或物之间的关系。通常情况下，动词主要表示动作、事件、变化、状态或关系，因此每个动词都包含有一个“过程”。及物性要表示的就是动词的过程和过程参与者之间、情境(包括动词表示的“过程”发生的时间、地点、方式、理由、条件等因素)和过程之间的关系。逻辑功能则是从经验中取得的抽象的逻辑关系的表达。

因此，在语言中，逻辑网络系统处理并列、从属和同位结构中结构成分之间所具有的不同的逻辑关系。这些关系可分为两类：横向组合(Paratactic，结构成分之间的结构地位相等)关系和从属组合(Hypotactic，结构成分之间有上位和下位关系)。

2. 人际功能

人际功能是一种角色关系。它包括说话人在语境中所充当的角色和说话人给话语的其他参与者(包括人和事物)所委派的角色。

3. 语篇功能

语篇功能是说话人所说的话在语境中起作用，它体现语言使用中前后连贯的需要。在交际过程中，说话者总是在一定的信息背景下使用语言的，这其中可能包含语言的信息背景和非语言的环境背景。在这些背景中，说话人如果要使自己的话语起作用从而达到预期的交际目的，就需要使自己的话语内容和表达方式与背景信息和背景结构连贯起来，在说出具体的句子前就需要进行适当的加工，如：区别话语中新信息和听话者已经知道的信息，选择适当的话题，造一个与前面的句子有关系的句子等。这就涉及语篇功能。语篇功能是一种给予效力的功能，没有它，概念功能和人际功能都不可能实现其价值。在语言中，和语篇功能相对应的是篇章系统。

篇章系统主要解决这样几个关键问题：主位构造(Thematic Organization)、命题的信息结构(Informational Structure)、句子内部或句子之间的衔接(Cohesion)等。主位构造主要是指句子内部成分的安排方式，通常可分为两个部分——主位(Theme)和述位(Rheme)。主位是表述的出发点，通常是表达在语境中已知的或至少容易得知的事物，述位是表述的核心，是说话者关于表达出发点所述说的内容，是表达听话人所不知道的(至少说话者认为如此)内容部分。主位位于句首，它后面的部分就是述位，主位既可能由主语来体现，也可能由其他成分来体现，以由主语充当为常见形式。信息结构主要指篇章中已知信息(Given Information)和未知信息(New Information)的排列方式。已知信息是说话人认为听话者可以从语境中了解或推断出来的信息。

信息成分的不同组合构成每个句子不同的信息结构。一般情况下，已知信息可以在句子中出现，也可以不在句子中出现，但未知信息则必须在句子中出现，衔接主要是指篇章中结构成分之间的连接关系。在语法层面上，常见的衔接手段有“参照替代”、“省略”和“连接”等。所谓“参照替代”就是用一个代词来代替篇章中已经出现或将要出现的成分，替代已经出现的成分叫“反指参照”(Anaphoric Reference)，替代将要出现的成分叫“预指参照”(Cataphoric Reference)。所谓“省略”就是不再重复上文中的已知信息，说话人通常用省略的方式来降低话语的冗余度(Redundancy)。由于已知信息是理解话语的基础，已知信息成分的缺省使得听话人在理解话语时必须到上文中寻找这些信息，因此，省略就成了衔接前后话语的重要手段。“连接”手段主要用于句子间或命题间的衔接，以反映各种不同的逻辑关系，常见的有“递进”(Additive)、“转折”(Adversative)、“因果”(Causal)和“时间”(Temporal)等关系。

本章参考文献：

[1] 岑麒祥. 语言学史概要. 北京：世界图书出版公司，2008.

[2] 杜道流. 西方语言学史概要. 北京：北京交通大学出版社，2008.

[3] 彭兰玉. 语言学简史. 长沙：湖南大学出版社，2007.

第 2 章　认知语言学

随着对乔姆斯基转换生成语言学研究的深入，很多语言学家发现许多语言现象用转换生成语言观很难解释清楚，因此一些乔姆斯基的追随者们想从其他方面入手来研究语言问题，以更好地解释语言现象。在这些追随者中就有莱考夫(George Lakoff)。莱考夫在 1987 年发表了"女人、火和危险事物：范畴揭示了思维的什么奥秘"（"Women, Fire and Dangerous Things: What Categories Reveal about the Mind"）；同年，兰盖克(Langacker)出版了《认知语法基础》第一卷(*Foundations of Cognitive Grammar*, *Vol. I*: *Theoretical Prerequisites*)。还有许多学者出版了许多认知方面的著作。而 1989 年在德国的杜伊斯堡(Duisburg)举行的 Symposium on Cognitive Linguistics 则是认知语言学在国际上得到地位的确立的正式标志。

认知语言学与上一章第四节提到的系统功能语言学之间存在互补关系。(王寅，2007：X) 系统功能语言学侧重语言的社会方面，主要从语言的社会功能和使用情景来研究语言，将语义置于中心地位，但也不排斥心理方面的研究。认知语言学则更侧重语言的心理方面的研究，强调认知方式在语义形成中的作用，同时也重视社会文化、百科知识对于语义理解的必要性。两者研究的侧重点有一定差异，但其基本观点、原则、方法有很多相似之处。

而与转换生成语言学对比，认知语言学就显得与之有很大的差异，特别是在哲学基础和心理学基础上存在根本差异。因此在心智的来源、表征的方法、研究的内容、得出的结论等方面存在一系列根本分歧。认知语言学与转换生成语言学在自足性、客观性，生成、概括的优先性、普遍性，形式/功能观等很多基本假设上存在根本对立。(同上) 认知语言学家在强调认知的同时还重点强调了语言的"体验性"、认知主体的想象力。他们主张坚决批评语言天赋说(这是转换生成语言学的核心思想)，坚持从体验性认知的角度来解释语言，将语言视为人类整个认知能力的一部分，而不是一个独立的系统。语言的意义不可能限于语言内部，它受人与客观世界互动的影响，是使用者对世界理解的结果。这一点在本书开头部分就提到，中国古代的语言观就是这样。语言具有动态性、可变性、不确定性等特征。而且语言的基本功能在于意义，研究语言时必须将意义置于首位，因而认知语言学的中心内容之一就是认知语义学。在语义描写时必须废除客观主义的指称论、真值论、成分论、形式论等观点。因此，语言不是一个自治系统，句法也不是一个自治系统，它们是客观现实、生理基础、身体体验、认知方式、知识结构等许多种因素共同作用的结果。在语言表达与主客观世界(包括客观世界和认知世界)之间(即语言形式与所指意义之间)存在象似性关系。

因此，如果说转换生成语言学是对描写结构主义语言学的一次革命，那么认知语言学就是对乔姆斯基转换生成语言学的又一场革命。

2.1 认知语言学的两个首要共识与三个假设

一、认知语言学的两个首要共识

认知语言学的两个共识称为概括性共识和认知共识。概括性共识是描述能够解释人类语言方方面面的普遍原则的共识。认知共识是使语言的描述与我们对大脑和心智的普遍认知相一致的共识。(李福印，2008：7)

二、认知语言学的三个假设

(1) 语言不是人类大脑中独立的认知系统(Language is not an autonomous cognitive faculty)。

(2) 语法是概念化(Grammar is conceptualization)。

(3) 语言知识来源于语言的使用(Knowledge of language emerges from

language use)。(李福印，2008：9)

2.2　认知语言学研究的五大领域

(1)基于格式塔心理学的研究，包括塔尔密(Talmy)的认知语义学、兰盖克的认知语法(Cognitive Grammar)和戈德堡(Goldberg)的构式语法(Construction Grammar)。

(2)基于现象学的研究，包括罗丝(Rosch)的原型理论、莱考夫的词汇网络理论、莱考夫和约翰逊(Johnson)的概念隐喻、莱考夫和约翰逊的体验现实主义、巴塞罗纳(Barcelona)和潘叟(Panther)的概念转喻。

(3)认知语篇研究，包括福柯尼艾尔(Fauconnier)的心理空间与概念合成理论、莱考夫和特纳(Turner)的认知诗学和诺德曼(Noordman)的衔接的认知语篇研究。

(4)认知社会语言学，包括吉尔拉茨(Geeraerts)的认知词汇变化研究、迪文(Dirven)和莱考夫的认知意识形态研究、莫根(Morgan)的文化认知模式研究。

(5)认知心理语言学，包括科尔斯顿(Colston)和吉布斯(Gibbs)的意象图式的心理真实性、吉布斯和格拉克勃(Glucksberg)的隐喻性语言理解、托马斯罗(Tomasello)的基于使用的语言习得模型和莱斯(Rice)的词汇网络的发展。(李福印，2008：16)

2.3　认知语言学中的理据性与象似性原则

认知语言学认为，语言形式和意义之间的联系不是绝对任意的，语言具有理据性和象似性的重要特性。(可参考本书附录：英汉“心”的语义差异的文化理据)

简而言之，理据性指语言形式和意义之间非任意性、可论证的联系。象似性是指语言形式与意义之间具有的相似关系。

认知语言学强调的理据性，并不排斥语言的任意性，而是认为“索绪尔结构主义认为的语言是任意的”这一语言观不够全面，语言除了任意性以外，还有理据性。任意性和理据性描述了语言符号的不同方面，语言既有任意性，又有理据性。

理据性表现在语言的各个方面：其一，在词性层面，复合词表现了突出的理据性；其二，在语义层面，概念转喻是理据性的一个表现；其三，在语法层面，句子结构也常常是有理据性的。

象似性是语言形式与意义之间更为具体的理据关系，即两者在关系或结构上“相似”。如果语言在形式上反映了表达的意义，就表现为理据性，如果语言形式通过模拟意义来反映后者，从而造就两者“相似”，那就表现为象似性。(李福印，2008：45；王寅，2007：538)

2.4 范畴化与原型范畴理论

范畴划分，就其本质而言，就是一个概念形成的过程，每个概念都有一个对应的范畴。(王寅，2007：89)

2.4.1 范畴化与概念、语义的关系

概念就是人们头脑中形成的对客观事物的想法和信念，是头脑中对客观事物的想法和信念的知识系统，包括人类概念系统中概念的组织方式等。语言符号是词汇化了的概念。概念结构就是人们头脑中存在的对客观事物的相对稳定的知识体系。概念结构从本质上来讲来自人体与世界之间的互动，来自体验，因此概念结构具有体验性。而语义结构是概念结构的语言形式。语义结构是人们赋予语言表达意义，或者说是和某语言表达相联系的意义。构成语义结构的这些意义又可以分成两部分：一部分是语言表达的规约性意义，是人们在词典上能够找到的意义，也是人们掌握的语言表达的知识(Linguistic Knowledge)；另一部分是人们形成的关于语言表达的百科知识(Encyclopedic Knowledge)。而语言知识与百科知识之间没有清晰的分界线。词汇的意义只是引导人们通向和该词汇所表达的概念相关的知识领域的一个“引子”或者称为“起始点”(李福印，2008：79)。因

此，人们无法用数学或者逻辑符号对意义作出穷尽的非此即彼的描述。

既然语义结构等同于概念结构，那么语义的构建自然等同于概念化。概念化既指人们头脑中已经约定俗成的概念，也包括即时形成的概念。也就是说，概念化既是结果也是过程。(李福印，2008：80)

而范畴是指人们在互动体验的基础上对客观事物普遍本质的概念反映，是由一些通常聚集在一起的属性所构成的“完形”概念构成的。范畴与人们的类属划分密切相关，所以，范畴必然涉及人的认知和主观因素。因此，范畴是认知主体对外界事物属性所作的主观概括，是以主客观互动为基础对事物所作的归类。范畴是各科知识的基础，是人类知识发展的历史产物，既是对以往成果的总结，又是认知进一步发展的起点。范畴是在社会实践基础上概括出来的成果，又反过来成为人们认知世界和改造世界的工具。

范畴的形成过程实际上就是概念的形成过程，也是意义的形成过程，它们几乎是同时进行的。所以兰盖克将意义等同于概念(强调其主观性、动态性)。

但是，概念(意义)和语义是有区别的(王寅，2007：92)。其区别主要表现在：

(1)所属研究领域不同。语义是语言学或语义学重点关注的对象，从结构层次上来说可包括词素义、词义、词组义、句义、段落义、语篇义等，而概念指思维的基本单位，主要属于逻辑学和认知科学。但是概念有时与词义重叠。

(2)一般来说，概念或意义具有普遍性，而语义则会因语言而异，不同民族用语言表达概念的方法，即词汇化方法有很大差异，因此，概念与语义不是一一对应的。

(3)确实还有一些概念人们还无法或没有找到合适的词语来加以表达，从这一点来说，概念或意义是大于语义的。概念系统可以包括语言意义，也可以包括非语言概念，概念可比语义精细。当然，概念一经词汇化后变成语义，就相对较为确定和明白。

词义和概念在内涵和外延上有时一致，有时不一致。概念的内涵经常会比词义的内涵更为丰富(严格来说前者需要反映客观对象的一切特征，而词义不必面面俱到)，概念的外延有时也会比词义的外延更大。

词义与概念有时对应，有时不对应。例如：

(1)有时与概念对应的不是词义，而是短语义；

(2)同一概念可用几个近义词来表示；

(3)不同概念可共用一个词(也就是一词多义)；

(4)有些词义没有可与之对应的概念(感叹词有词义，但不表达概念)；

(5)有些概念尚没有找到恰当的词来表达；

(6)词义因语言和文化不同而有很大差异。

因此词义具有民族性，而概念一般来说，则是各民族所共享的，具有较大的普遍性。正由于此，世界上操不同语言的民族才能相互理解，得以交流。

一个范畴、概念或语义在一种语言中可用一个词语将其相对地固定下来，这叫做范畴或概念的词汇化。自从有了语言，人们就自然会将范畴化或概念化的结果相对固定于词语表达中，所以概念和意义是用词语来表达的，是以语言为载体的。由于每一个概念都会有一个对应的范畴，因此大部分词和概念是用来指称范畴的，可见概念、意义、词语与范畴是密不可分的。

因此，简言之，范畴侧重事物所划归的类属；概念主要是思维单位；范畴、概念和意义都是范畴化和概念化的结果，概念与范畴相对应，概念(化)与意义(更为宽泛)基本相通；语义是概念和意义在语言层面上的反映。(王寅，2007：95)

范畴化(categorization)是一种基于体验，以主客观互动为出发点，对外界事体(事物、事件、现象等)进行主观概括和类属划分的心智过程，是一种赋予世界以一定结构，并使其从无序转向有序的理性活动，也是人们认识世界的一个重要手段。(王寅，2007：96) 人们倾向于将相同或相似的事物进行概括和归类，视为同类事物，这样才符合经济原则，便于认知加工，进行范畴化，形成范畴和概念。因此从家族象似性这个角度来说，范畴化就是要使同一个范畴内的各成员的象似性达到最大化，使不同范畴的诸成员之间的象似性达到最小化。

经过范畴化运作之后建立的范畴就以某种方式储存于人类的心智之中，与范畴对应的是概念，并在此基础上形成了意义，或称“心智词汇”(Mental Lexicon)；将意义或“心智词汇”赋予一定的语言形式后，就表现为外部的语言符号。自从有了语言，范畴、概念和意义的形成就离不开词语了。

2.4.2　认知语言学下的范畴化

范畴化是人类认识世界的一种基本认知方式。只有对纷繁复杂、杂乱无章的客观世界进行范畴化，人们才可能更好地认识客观世界。如果没有范畴化机制，不对客观世界进行分类，就根本无法识别大千世界无限多的事物。因此，以体验、互动、对比、概括、归类等为基础的范畴化是人类高级认知活动(思维、语言、推理、创作等)中一种最基本的能力。

范畴化具有以下特征：

(1) 体验性。人们基于身体体验，在身体器官对外界感知的基础上形成了范畴化和概念化能力。

(2) 规则性。人类形成范畴时必须依据一定的规则(如事物之间的象似性、区别性等)。

(3) 无意识性。因为大部分范畴化是自动的、无意识的。

(4) 创造力。人们可以随着认识的发展和交际的需要不断形成新的范畴，扩展老范畴。

(5) 想象力。在范畴化时，人们使用隐喻和意象图式等方法。

认知语言学提出的范畴观与传统的范畴观完全不同。传统的范畴观，也称经典范畴观，他们把范畴定义为：一组拥有共同特性的元素组成的集合(Set)，元素隶属于集合的程度相等，没有核心和边缘之分(杜道流，2008：309)，也就是所谓的“对内有统一性，对外有排他性”。而认知语言学的范畴观是：范畴是一种“原型”(Prototype)现象，所有的范畴都是模糊范畴。具体表现在：

(1) 同一范畴的成员不是由共同特征决定的，而是由家族象似性决定的。即范畴内部未必具有一组全体成员共有的特征，但范畴成员之间总是享有某些共同特征。有的成员比其他成员享有的共同特征多，有的成员比其他成员享有的特征少。

(2) 既然有的成员比其他成员享有更多的特征，人们就可以根据其享有的共同特征来决定其成员的身份，享有更多共性的成员为该范畴的典型的中心成员，即原型(Prototype)，其他成员则为非典型或边缘成员。

因此，不能用一组充分必要特征来给范畴下定义。范畴是由一组聚集在一起的特征(a Cluster of Features)组成的，实体范畴化是建立在好的清楚的样本基础之上的，然后根据其他实例与这些清楚的样本在某些属性上的象似性而将其归入该范畴。这些清楚的样本就是“原型”，它们是非典型事例范畴化的参照点。由于各范畴都有边缘成员的存在，范畴的边缘往往是模糊不定的，在边缘上可能与其他范畴相互交叉。如：典型的名词是人和事物的名称，典型的动词表示动作，典型的形容词表示特性，典型的介词表示空间关系。所有范畴的原型概念经常以各种方式隐喻性地向非中心区域进行扩展。

人类之所以具有范畴化能力，是因为人类有完善的神经系统，而神经具有充分扩展的功能，能以概念中心范畴结构为基础，辐射状地向外扩展。以名词范畴为例：由于儿童早期所形成的范畴属于感知范畴，是以有定界的物理性实体(如人、地、物)为中心的，在他们的成长过程中范畴不断扩展，基于现有的概念隐喻和其他神经认知机制，逐渐形成了辐射性范畴。名词这个范畴通过扩展，也包括了状态、活动、思想、抽象等概念。

2.5 概念隐喻与概念转喻理论

概念隐喻理论是认知语言学最重要的理论之一。该理论最初源于莱考夫与约翰逊的合著《我们赖以生存的隐喻》(*Metaphors We Live By*)(Lakoff & Johnson，1980)，并在莱考夫(1993)的一篇论文“当代隐喻理论”中得以系统阐述。

2.5.1 概念隐喻理论

(1)隐喻是认知手段。隐喻是我们用来理解抽象概念，进行抽象推理的主要机制。隐喻让我们用更具体的有高度组织结构的事物来理解相对抽象的或相对无内部结构的事物。许多主题，从最普通的事情到最深奥的科学理论只能通过隐喻来理解。

(2) 隐喻的本质是概念性的。隐喻从根本上来说是概念性的，不是语言层面上的，因此隐喻性语言(Metaphorical Language)是概念隐喻的表层体现，所以隐喻也称为概念隐喻。

(3) 隐喻是概念域的系统映射(Mapping)。每一种映射都是源域(Source Domain)与目标域(Target Domain)的实体之间一系列固定的本体对位。一旦那些固定的对位被激活，映射就可以把源域的推理模式投射到目标域的推理模式中去。因此概念隐喻是跨域映射。

(4) 映射遵循恒定原则。源域的意象图式结构以与目标域的内部结构相一致的方式投射到目标域，因此概念隐喻是源域对目标域的单向作用。

(5) 映射的基础是人体的经验。映射不是任意的，它根植于人体、人的日常经验及知识。

(6) 概念系统的本质是隐喻的。

(7) 概念隐喻是人类共有的。(李福印，2008：132)

2. 5. 2　概念转喻理论

一、概念转喻的定义

认知语言学认为转喻的本质与隐喻一样是人类基本的认知手段。转喻是概念、思维层面上的问题，转喻对于人类推理起着重要作用，因此转喻也称“概念转喻”。

认知语言学家们用来定义转喻的概念比较繁杂，概括如下：

(1) 转喻是从一个概念域，即源域，向另一个概念域，即目标域的映射。源域和目标域属于同一功能域，它们之间的语用功能联系使目标域被激活。(Barcelona，2002：246)

(2) 转喻是在同一个理想化认知模式中，一个概念实体(转喻实体)为另一个概念实体(目标实体)提供心理通道的认知过程。(Radden & Kövecses，1999：21)

(3) 转喻从根本上来说是一种参照点现象。用转喻表达的实体作为参照点为所需的目标实体(即实际所指的实体)提供心理通道。(Langacker，2000：199)

二、概念转喻的分类

1. 整体与部分之间的转喻

(1) 事物与部分之间的转喻；

(2) 标量 (Scale) 转喻；

(3) 构成 (Constitution) 转喻；

(4) 事件 (Event) 转喻；

(5) 范畴和成员 (Category-and-Member) 之间转喻；

(6) 缩减 (Reduction) 转喻。

2. 整体中不同部分之间的转喻

(1) 行为 (Action) 转喻；

(2) 感知 (Perception) 转喻；

(3) 因果 (Causation) 转喻；

(4) 生产 (Production) 转喻；

(5) 控制 (Control) 转喻；

(6) 所属 (Possession) 转喻；

(7) 容器 (Containment) 转喻；

(8) 地点 (Location) 转喻。

2.6 意象图式理论

心理学中的“图式”最早始于 20 世纪二三十年代的完形心理学对记忆的研究。英国心理学家巴列特 (F. Bartlett) 于 1932 年就发现：人的记忆能够把各种信息和经验组织成认知结构，形成常规图式，储存于人们的记忆之中，新的经验可通过与其对比而被理解。到了三四十年代，瑞士心理学家皮亚杰 (Piaget) 再次运用“图式观”来论述他的发生心理学的建构论思想，强调认识主要来源于主体与客体之间的互动，可以通过自我调节使得客体被同化到主体的图式中，或使得主体调节图式或创造新图式来适应新客体。

“意象”常作为心理学的术语，多指一种心理表征。它指人在某物不在场时但在心智中依旧能够获得其印象的一种认知能力。

其实意象图式(Image Schema)的获得过程就是人们与客观世界进行互动性体验的过程。首先，人们对客观世界有感觉，就是我们的感觉器官对作用于其上的客观事物的个别属性在头脑中有反应，这是认识客观世界的开始。其次，作用于我们感觉器官的事物的各种属性在头脑中有了总体反应后，就是知觉，知觉是各种感觉的总和。感觉和知觉都是以当前存在的事物为基础的。而表象(心智图像 Mental Image，约等于意象)则指在没有客观事物的情况下该事物留在人们头脑中的印象，即在无具体事物存在于现场时人们依旧能够通过想象唤起对该事物的意象，这是感觉和知觉的心智表征。

图式则是人们把经验和信息加工后，组织成某种常规性的知识结构，它可以较长期地存储于记忆中。

因此“意象图式”就是人类在与客观世界进行互动体验过程中反复出现的常规性样式，起意象性抽象结构的功能。(Lakoff，1987：19)

作为“意象”，它(常基于动态)是特定的、体验性的心智表征；作为“图式”，它不只是限于某一具体的体验性活动，更强调了这种意象的概括性、抽象性和规则性，与特定环境无关，同时还具有无意识性。

因此，处于抽象层面上的“意象图式”能够以类推的方式来建构身体体验，还可以通过隐喻来建构非身体体验。(Lakoff，1987：453)

人们通过在现实世界中的互动性体验形成了基本的意象图式，同时也形成了认知模式(Cognitive Model，简称 CM)，多个 CM 之和便构成一个理想化认知模式(Idealized Cognitive Model，简称 ICM)。人们在此基础上进行范畴化，建立范畴，从而获得了概念，同时也就获得了意义。

2.7　理想化认知模式

莱考夫在 1987 年提出了理想化认知模式(Idealized Cognitive Model，简称 ICM)。所谓 ICM 是指在特定的文化背景中说话人对某领域中的经验和知识所作出的抽象的、统一的、理想化的理解，这是建立在许多认知模型之上的一种复杂的、整合的完形结构，是一种具有格式塔性质的复杂认知模式(Lakoff，1987：68)。

2.7.1 理想化认知模式的构建原则

1. 命题结构(**Propositional Structure**)

命题性的 ICM 是不使用抽象手段(如隐喻、转喻等)的 ICM。命题模式具有客观主义特征，因为它们包含着各种实体、特性以及相互间的关系。但是它们是认知模式，是心理实体而不是实在的一部分。当人们把命题模式投射到经验上去理解经验时，人们把一种客观主义的结构强加于这个世界。

2. 意象图式结构(**Image-schematic Structure**)

意象图式是人类在与客观世界进行互动体验过程中反复出现的常规性样式，起意象性抽象结构的功能，是概念形成和扩展的基础。

3. 隐喻映射(**Metaphorical Mapping**)

隐喻映射涉及源域和目标域,即源域中的 ICM 结构映射到目标域中的相应结构上。

4. 转喻映射(**Metonymic Mappings**)

与隐喻映射相比较而言，转喻映射发生于单一的概念域之中，该概念域是由一个 ICM 构建的,用同一概念域中容易感知理解的部分来映射整体或整体的其他部分，即以 ICM 中要素 A 来代替要素 B。

2.7.2 理想化认知模式的基本特点

(1)ICM 是理想化的。它们是人类创造的复杂的知识表征结构，虽然客观世界中不存在 ICM，但是人们可以依照理想的环境来界定它们。莱考夫以“星期”为例来说明 ICM。理解“星期二”这一概念需要一个相关的理想化的模式，即有一个太阳运转所定义的自然周期，这个周期人们定义为七天，按照线性顺序排列。从第一天即星期日开始，到第七天结束，而第三天便是“星期二”。同样，“周末”这一概念则指五个工作日之后有两天休息时间。这一“星期模式”是理想化的，因为这并非是自然界中客观存在的，而是人们主观创造出来的。

(2)ICM 具有体验性，ICM 的产生以人的身体体验为基础，它是人们与世界互动的结果。

(3)ICM 是一种完形结构，具有整体性。它是由多个认知模式组成的，所以又叫做集束模式(Cluster Models)。

(4)ICM 具有原型结构性。组成 ICM 的各个 CM 的地位不相等，只有典型的中心的 CM 才能充分体现或更能代表 ICM，而其余的 CM 都是根据隐喻或转喻延伸而来的。

(5)ICM 具有文化特征。ICM 主要来自于人类与客观世界的互动，而人类的不同民族所处的文化不尽相同，因此，不同文化类型中会有相同的体验，而不同文化也会导致人类体验的差异性，或者说一个人所生长和生活的环境对他的认知模式的形成会产生影响。因此，认知模式的形成受制于文化模式。

2.8 图形-背景理论

2.8.1 理论渊源：完形心理学(格式塔心理学)

该理论来源于丹麦心理学家鲁宾(Rubin)著名的“脸与花瓶幻觉图”(Face/Vase Illusion)，他用该图来描述人类在视觉感知时图形感知和背景的关系。(Rubin，1958：201；Ungerer & Schmid，2001：157) 我们在观察图 2-1 时，会有两种观察结果：白色背景上的两张脸或者黑色背景上的一只花瓶。但是我们不可能同时看到这两种图像，因为大脑对视觉信息的组织遵循“图形-背景分离原则”。

图形(Figure)、背景(Ground)这一对术语最早由鲁宾于 1915 年提出。图形是一个格式塔，是突显的实体，是我们感知到的事物，背景则是尚未分化的、衬托图形的东西，图形和背景是可互换的，如图 2-1。后来认知语言学家们把图形-背景理论运用到语言研究中，这就形成了认知语言学中的图形-背景理论。

图 2-1　脸与花瓶幻觉图(Rubin，1958：201)

2.8.2　图形和背景

图形是一个移动的或概念上可移动的实体，它的路径、位置或方向被认为是一个变量，相关的问题就是这个变量的具体的值。

背景是一个参照实体，它有一个相对于参照框架静止的场景，图形的位置、路径和方向可以通过这个参照框架来描述。(Talmy，2000：312)

2.8.3　图形组构规则

(1)邻近规则：其他条件相同时，空间上相近的容易组成图形；

(2)相似规则：视野中相似的成分易组成图形；

(3)封闭规则：视野中封闭的成分易组成图形；

(4)良好连接规则：视野中比较平滑且具有良好连接的成分易组成图形。

2.8.4　图形和背景的定义特征和联想特征

匡芳涛、文旭(2003)结合他们自己的研究，总结出了下面的图形和背景的定义特征和联想特征表(见表 2-1)。

表 2-1　图形和背景的定义特征和联想特征（引自匡芳涛、文旭，2003）

特征		图形	背景
定义特征		没有已知空间（或时间）特征可确定	作为参照点，具有描述图形的未知方面的已知特征
联想特征	空间大小	面积或体积较小	面积或体积较大
	时间长短	时间较短	时间较长
	动态性	运动的或在概念上可移动	位置较固定，不易移动
	突显性	突显程度高	突显程度低
	关联性	更关联；在情景或意识中更近	不太关联
	可及性	不可立即被感知	更能立即被感知
	复杂性	几何图形较简单（通常像个点）	几何图形较复杂
	依赖性	较依赖	较独立
	熟悉程度	不太熟悉	较熟悉
	预料性	不易预料	更易预料

2.9　认知语法

2.9.1　认知语法的理论前提

认知语法的主要代表人物是兰盖克。他的认知语法理论是在批评生成语法理论的基础上建立起来的。生成语法是建立在这样的假设之上的：

(1) 语言是具有算法特征的自足系统，它独立于其他认知系统，具有高度自主性（Autonomy）。

(2) 语法（尤其是句法）是与词汇和语义不同的独立的语言层面，是一个自足的形式系统。

(3) 对语义的描写必须采取基于真值条件的形式逻辑方法。

兰盖克的认知语法的理论前提则与此完全相对，他认为：

(1) 语言不是一个自足的系统，不能离开人的感知体验和互动认知，所以对语法的描写必须参照人的一般认知规律。

(2)语法不是一个自足的系统，语法在本质上跟词汇一样，是一个约定俗成的象征系统，所以句法分析不能脱离语义。

(3)以真值条件为基础的形式逻辑不能涵盖语言表达的所有意义，所以以此来描写语义是不够的，语义描写必须参照开放的、无限的知识系统。

2.9.2 认知语法的意义概念

兰盖克(Langacker，2007)认为语法的认知观(即认知语法理论)必须建立在语义之上，也就是必须从认知的角度解释概念的意义。意义是概念化的结果，而概念化则指的是心理经历的任何一个方面，包括对物质的、语言的、社会的及文化的等经历的理解。语言意义都是开放式的(Open-ended)，在范围上是百科全书式的；意义要依赖语境及百科知识来理解。因此，语言的意义不是自足的或界限分明的成分。意义建立在概念化之上，建立在我们的百科知识之上，语言知识和世界知识没有明确的分界线。意义包括语义内容(Semantic Content)及人们对该语义内容的识解(Construal)，而识解的方式有不同的维度。语义内容就是由不同的认知域提供的。作为认知的主体，人们可以强调不同的认知域，其结果是同样的客观事实，会有不同的语义表达。一个语言表达通常会激发多个认知域，称为综合矩阵(Complex Matrix)。语言表达在其激发的每个认知域中都担任某种角色。综合矩阵中的认知域不需要被解构或清楚地界定，它们对于理解表达式具有不同程度的作用。语言表达的意义就依赖这些认知域，这是认知域构成意义的基础，但是它们本身却不是语言表达的意义。因此意义是内容和识解作用的结果(Meaning is a function of both the content and the construal.)。(Langacker，2007：7)

2.9.3 语法的象征性

兰盖克(2007:91)认为语法具有象征性(Symbolic)、结构式(Construction)是语法描述的主要对象。认知语法通过图式来表征语法的模式。语法的象征性表示语法是音义的匹配。而词汇、词法、句法构成一个连续体，三者没有清晰的界限。语法就是象征性的组合，称为复合象征结构(Composite

Symbolic Structure)，而象征结构(Symbolic Structure)是指形式与意义的匹配，由语言单位与语义单位构成两极，词素、词和句法构成了象征系统的连续体，而语言实现了语法与词汇的统一及语音结构与语义结构象征关系的简化。认知语法的一个重要观点是：过去语法分析中大大小小的单位、各种各样的语法范畴和语法结构式都是象征单位。首先，不管大小它们都是象征单位，只是复杂程度不一样而已。例如，sharp(尖利)是一个简单的象征单位，sharpen (削尖)、sharpener(磨削器)、pencil-sharpener(卷笔刀)是复杂程度递增的象征单位。其次，单位不管异同也都是象征单位，只是抽象程度不一样而已。

语言单位可以是具体的语言结构，也可以是抽象的语言结构，即图式化(Schematization)，形成结构图式。结构图式一旦形成，就可以对新的语言成分进行范畴化(Categorization)。如果具体语言单位(Instantiation)完全符合结构图式，并成为语法系统的一部分，那么该语言单位就是合格的(Well-formed)。结构图式、具体语言单位以及尚未成为单位的语言成分(从非单位到单位是一个渐进的过程)构成一个结构化的清单，即它们之间具有类似网络的特征。词类和句法结构都是图式化的结构。在认知语法中，词类是高度抽象的象征单位。名词是{[事物]/[X]}，动词是{[过程]/[Y]}，其中[事物]和[过程]都是抽象概念，[X]和[Y]代表抽象的语音单位。例如英语的动词名物化结构——teacher(教师)，helper(帮手)，hiker(徒步旅行者)，thinker(思想家)，diver(潜水员)——是一个复杂的象征单位，包含{[过程]/[Y]}和{[ER]/[er]}两个抽象的象征单位。这个复杂的象征单位又可跟一个名词象征单位{[事物]/[X]}结合，构成一个更大的象征单位。这个更复杂的象征单位“具体化”之后就成为 pencil-sharpener(卷笔刀)、lawnmower(割草机)、taxi-driver(出租车司机)等这样一些具体的象征单位。这种由抽象到具体的关系称为类属关系(Categorizing Relationships)，例如 pencil 一词属于名词类。对类属关系的完整描写构成了一个词语的结构描写(Structural Description)。在认知语法中类属关系也是一种象征单位。这就是说，认知语法打破了词汇和词法、句法的界限，认为这种划分也是人为的，词汇和句法(词法)只是具体和抽象程度上的差别。这也意味着句法不是一个自足的系统。

2.9.4 识解及其维度

一、语言的识解及维度

长期以来，语言学中有一个传统观点，认为语言的作用就是把外部世界的成分映射到语言形式上。根据这种观点，情景可以分解成许多成分，每个成分都可以与语言的某个成分对应，因此从外部世界向语言的映射是直接的。大体上讲，情景的成分向语言的映射涉及一对一的编码，而这一过程是由语法的形式规则来支配的。相反，认知语言学家则认为，语言与情景之间并不存在直接的映射。一个特殊的情景可以用不同的方式“识解”，并且编码情景的方式构成了不同的概念化。(文旭，2007)

例如：

(1) Peter gave the book to Mary.

(2) Peter gave Mary the book.

传统观点认为，这两个句子表达的意义是相同的，即句法结构的不同在语义上没有对应物。这种观点的反映之一就是转换生成语法所认为的：这两个句子是由相同的深层结构派生而来的，其不同仅仅是形式上的，而不是本质上的。但是，许多证据表明，这种观点是不正确的。其中的一个证据就是：在某些情况下，只有其中一个结构是自然的。例如，虽然像 John gave the fence a new coat of paint 这样的句子不太明显，但如果说 John gave a new coat of paint to the fence 这样的句子，就显得很奇怪(Langacker，1990)。同样，如果把 He brought the wine to the table 这个句子变成 He brought the table the wine 就会显得很奇怪。这些差别表明，(1)和(2)中的句式涉及对同一情景进行不同的识解方式，并且在某些情况下，只有其中的一种方式是适当的或自然的。

识解有不同的维度，但不同学者有不同的观点。兰盖克(2007)认为识解的维度有：选择(Selection)、详细程度(Level of Specificity)、图形-背景(Figure-Ground)、视角(Perspective)、突显(Prominence)、指示(Deixis)、主观性与客观性(Subjectivity/Objectivity)、心理扫描(Mental Scanning)、实体与相互联系(Entity/Interconnection)、指向(Profiling)等。

二、详细程度

情景描写的详细程度(或称具体程度)是指说话人可以用不同的细节对同一情景进行描写。例如，我们可以把一个物体描写为是“红色的”，或者更详细些是“鲜红色的”或“粉红色的”；或者是更不具体的，只说成是“有色的”。我们可以说一个人在“跑步”，或者更精确地描写为他在“缓慢而平稳地前进”，或者是他在“快速奔跑”。详细程度的不同可以表现出不同的逻辑特征。例如，在适当的语境中，单向蕴含(我们用符号“→”表示)就是一个主要的逻辑特征：

(1) It’s a dog. → (2) It’s an animal.

(3) It’s not an animal. → (4) It’s not a dog.

这里的(1)句蕴含(2)句，但(2)句不能蕴含(1)句；(3)句蕴含(4)句，但(4)句不能蕴含(3)句。我们也注意到，dogs and other animals 这样的表达式是正常的，但 animals and other dogs 就是有问题的，难以让人接受。从这些实例可以看出，dog 这个词比 animal 这个词更具体、更详细。换言之，animal 比 dog 更概括、更一般。

三、视角

兰盖克(2007)认为，视角主要包括视点和焦点。视角这一概念是认知语言学家强调观察者在情景中的重要作用的反映，尤其是观察者的视点以及对所注意的焦点成分的选择。例如，可以把同一个人叫做是“张三的妻子”、“李四的女儿”、“小张的妈妈”。在每一个情景中，都是通过与被叫人具有显著关系的另一个人来指称的。这个例子也表明“范畴”的选择(“妻子”、“女儿”、“妈妈”)，即实体的范畴化方式，在某种程度上反映了说话人所采取的视角。视点是说话人在表达情景时所采用的“心理路线”(Mental Route)。我们可以用英语介词 around 的两种解释来说明选择一个容器的内部视点与外部视点之间的区别。例如：The children ran around the house. 这里的房子相当于一个容器，如果我们选择房子的外部视点，那么这个句子所描写的就是这样一种情景：孩子的运动是在房子的外部；但是，如果我们选择一个内部视点，那么，孩子就是在房子的内部运动。又如：

(1) The roof slopes steeply upward.

(2) The roof slopes steeply downward.

这里的(1)、(2)句描写的是同义现象，所表达的命题内容相同，但它们采用了不同的视点。在(1)句中，说话人观察情景时似乎是从下到上的，而在(2)句中，却是从上到下的。此外，这两句话中的运动都是抽象运动，是说话人心中的主观运动。焦点在语言中的体现突出地表现在“图形-背景”或“射体-界标”(Trajector-Landmark)这一认知结构中。在运动事件中，相对于静止的环境来说，运动的实体倾向于图形。把焦点集中在一个情景中的图形还是背景上，这一选择在词汇研究中具有重要的意义。

四、指向

指向是一种突显方式，是突显某一情景中的某个或某些成分。在指向关系(Profiled Relationship)中，射体和界标分别为首要和次要焦点(Focus)或称核心参与者(Focal Participant)。在指向关系中，射体与界标分别被描述为主要和次要的焦点突显(Focal Prominence)，这种突显的不对称有一个暂时的维度；作为连续的焦点，在一个参照点链(Reference Point Chain)中，射体和界标被看做是参照点。

在通常情况下，名词指向物体，动词指向过程，形容词、副词或介词指向一个非过程化的关系。而主语通常是名词表达，说明射体；宾语通常也由名词表达，说明界标。

五、心理扫描

心理扫描也是一种认知过程，是说话人为了描写事件而采用的一种构建情景的方式。兰盖克(1987：248)区分了两种扫描：序列扫描(Sequential Scanning)和概括扫描(Summary Scanning)。它们是说话人识解一个情景所使用的不同方式。序列扫描就是把一个过程看成是事件成分的一个序列；概括扫描就是把一个过程看成是一个完整的单位，其中所有事件成分被看成是一个整合的整体。它们之间的差别体现在语法的许多方面，其中包括说话人在描写一个事件时是决定用名词还是用动词。例如，某人进入一个房间，我们既可以根据序列扫描的方式用动词进行描写，也可以根据概括扫描的方式用名词进行描写。

(1) Peter entered the room.

(2) Peter's entrance into the room.

同理，我们可以用这两种不同的扫描方式描写某人掉下悬崖这一情景。如：

(1) Wheeler fell of the cliff.

(2) Wheeler's fallen from the cliff.

由此可见，序列扫描就好像是观看一个运动图像序列，而概括扫描就好像是观看一幅静止的照片。动词所指向的是一个事件发生的过程，而名词所指向的是一件东西或事物。这两种扫描的差别也体现在英语的-ing 形式和不定式中。例如，同一个事件，我们既可以根据序列扫描的方式用-ing 形式进行描写，也可以根据概括扫描的方式用不定式形式进行描写。如：

(1) I saw him beating his wife.

(2) I saw him beat his wife.

六、角色调配

角色调配(Alignment)指的是语言成分和概念成分的组合和搭配。角色调配表示概念化的主体(Conceptualizer)对某客观场景进行概念化，选择哪些参与者、放弃哪些、突出哪些，等等，并使这些参与角色相互匹配。(Langacker，2007) It is the lining up of linguistic elements (e.g., trajector) with conceptual elements (e.g., agent, patient or setting) in formulating a sentence to express the conception (e.g., in "coding"). Different alignments (pairing/mapping) can be chosen for the same conceptual elements, resulting in different grammatical structures.

2.10　构式语法

2.10.1　构式概述

戈德堡(Goldberg，1995：4)对构式的经典定义是：当且仅当 C 是一个形式-意义的配对<Fi，Si>，且形式 Fi 的某些方面或意义 Si 的某些方面不能从 C 的构成成分或从其他已有的构式中得到严格意义上的预知，C 便是一个构式。(C is a CONSTRUCTION if def C is a form-meaning pair <Fi,

Si> such that some aspects of Fi or some aspects of Si is not strictly predictable from C's component parts or from other previously established constructions.)。也就是说，句式有其自身独立于组成成分的整体意义，这个意义是无法从组成成分或另外的先前已有的句式中推导出来的，是“整体大于部分之和”，即“1+1>2”。戈德堡(2003：2)的另两句话也可被视为构式的定义：“任何格式只要其形式或功能的某个方面从严格意义上说不能从其构成成分或从其他已认为存在的格式中预知，那么就被认为是一个构式。”戈德堡(2006：5)对构式的说明是：“任何格式，只要其形式或功能的某一方面不能通过其构成成分或其他已确认存在的构式预知，就被确认为一个构式。”(Any linguistic pattern is recognized as a construction as long as some aspects of its form or function is not strictly predictable from its component parts or from other constructions recognized to exist.)

戈德堡本人关于构式的阐释表明，她所说的构式包括了传统语法中从语素到句型的各个层级单位。我们可以从戈德堡(2006：5)的列举中看出。

戈德堡(2006：5)列举了9类/个“大小和复杂性”(Size and Complexity)不一的构式，并提供了示例：

(1)语素(Morpheme)。例如：anti-，pre-，-ing。

(2)词(Word)。例如：avocado，anaconda，and。

(3)复合词(Complex Word)。例如：Daredevil，shoo-in。

(4)复合词(Complex Word)(部分已填充的)。例如：[N-s](名词复数规则变化)。

(5)习语(Idiom)(已填充的)。例如：going great guns，give the Devil his due。

(6)习语(Idiom)(部分已填充的)。例如：jog <someone's> memory，send <someone> to the cleaners。

(7)共变条件构式(Covariational Conditional)。

形式：The X-er the Y-er

例如：The more you think about it, the less you understand。

(8)双及物(Ditransitive)(双宾语 Double Object)构式。

形式：Subj[V+OBJ1/ OBJ2]

例如：He gave her a fish taco.

He baked her a muffin.

(9) 被动构式(Passive)。

形式：Subj aux VPpp (PPby)。

例如：The armadillo was hit by a cat.

实际上，(1)—(6)是构式类，(7)—(9)是具体的构式，戈德堡将后三种构式统称为“通用语言格式”(General Linguistic Patterns)。上述示例显示，构式包括的最低层语言单位是语素，最高层是可以视为传统语法句型的格式。这就是戈德堡界定的构式的范围。

根据以上戈德堡所列的构式示例，可以进一步从语言单位层级的角度将构式分为四大类型：语素、词(含单纯词和复合词)、习语(含完全固定的和部分固定的)和格式(大致相当于句型)。

2.10.2 构式语法的主要特征

(1) 整体性。构式语法旨在对一种语言中的所有构式做出解释，不需要把语法结构分为中心(基础)与边缘部分。每个构式都有自己具体的语义和语用特征。构式语法主张应当从语言的边缘部分开始，因为日常交际中使用的大部分都是这些边缘部分。

(2) 经济性。经济性是指构式语法把一种语言中各种各样的构式都看成是平等的，不需要建立不同的语法成分然后再去描写和分析这些成分之间的关系。根据能产性把一种语言中的构式划分为本质不同的各种范畴是没有意义的。能产规则与习语之间的关系应当看成是从相对能产性到相对固化的一个斜坡。

(3) 一致性。构式语法模型和人们的认知过程一致。近年来的儿童语言习得研究证实，我们的认知加工对各种各样大小不同、复杂程度不同的语言结构有操控作用。

(4) 形式化。构式语法和其他语法模型一样，认为清楚地表达与合理地理解语言成分之间关系的唯一办法是尽可能地把这些关系形式化。构式语法就是以构式为工具来进行形式化的。词汇结构、句法结构、语篇结构都可以通过构式进行同样的形式化表征。

2.10.3 英语中的题元结构构式

根据构式的定义，英语中的基本句子就是构式。戈德堡从考察句子层面的题元结构入手，并把这些结构叫做题元结构构式(Argument Structure Construction)，表 2-2 中列举了英语中一些题元结构构式。(李福印，2008：300)

表 2-2 英语题元结构构式

Construction 构式	Form 形式	Meaning 意义	Example 举例
Transitive 及物	Subject Verb Object 主语 动词 宾语	X acts on Y X 作用于 Y	Pat opened the door. 帕特打开了门。
Ditransitive 双及物	Subject Verb Object 1 Object 2 主语 动词 宾语 1 宾语 2	X caused Y to receive Z X 使 Y 收到 Z	Sue gave her a pen. 苏给了她一支笔。
Resultative 结果	Subject Verb Object Complement 主语 动词 宾语 宾补	X causes Y to become Z X 使 Y 成为 Z	Kim made him mad. 金把他气疯了。
Caused Motion 使役移动	Subject Verb Object Oblique 主语 动词 宾语	X causes Y to move Z X 使 Y 沿 Z 移动	Joe put the cat on the mat. 乔把猫放在毯子上。

戈德堡根据句子中的题元结构，把句型分为不同的构式，而这些构式都具有各自的形式和意义，并且构式的意义直接构成句子意义的一部分。这就是构式中心论，即，构式是一个句子意义的中心部分，动词只贡献一部分意义。

本章参考文献：

[1] Barcelona, Antonio. Clarifying and applying the notions of metaphor and metonymy within cognitive linguistics: An update. In: Ren Dirven and

Ralf Pörings (eds.). *Metaphor and Metonymy in Comparison and Contrast*. Berlin/New York: Mouton de Gruyter, 2002. 207-277.

[2] Goldberg, A. E. *Constructions: A Construction Grammar Approach to Argument Structure*. Chicago: Chicago University Press, 1995.

[3] Goldberg, A. E. Constructions: A new theoretical approach to language. 外国语，2003, (3)：1-11.

[4] Goldberg, A. E. *Constructions at Work: the Nature of Generalization in Language*. Oxford: Oxford University Press, 2006.

[5] Lakoff, George & Mark Johnson. *Metaphors We Live By*. Chicago: Chicago University Press, 1980.

[6] Lakoff, G. *Women, Fire and Dangerous Things: What Categories Reveal about the Mind*. Chicago: The University of Chicago Press, 1987.

[7] Langacker, R. W. *Foundations of Cognitive Grammar: Theoretical Prerequisites*. Stanford: Stanford University Press, 1987.

[8] Langacker, R. W. *Concept, Image and Symbol: The Cognitive Basis of Grammar*. Berlin: Mouton, 1990.

[9] Langacker, R. W. *Grammar and Conceptualization*. Berlin / New York: Mouton de Gruyter, 2000.

[10] Langacker, R. W. *Ten Lectures on Cognitive Grammar by Ronald Langacker*. Beijing: Foreign Language Teaching and Research Press, 2007.

[11] Radden, Günter & Zoltán Kövecses. Towards a theory of metonymy. In: Klaus-Uwe Panther & Günter Radden (eds.). *Metonymy in Language and Thought*. Amsterdam/Philadelphia: John Benjamins, 1999. 17-59.

[12] Rubin, Edger. Figure and ground. In: David Beardslee and Michael Wertheimer (eds.). *Readings in Perception*. Princeton, N.J.: Van Nostrand, 1958. 194-203.

[13] Talmy, Leonard. *Toward a Cognitive Semantics. Volume I: Concept Structuring Systems*. Cambridge, MA: MIT Press, 2000.

[14] Ungerer, F. & H. J. Schmid. *An Introduction to Cognitive Linguistics*. Beijing: Foreign Language Teaching and Research Press, 2001.

[15] 杜道流. 西方语言学史概要. 北京：北京交通大学出版社，2008.
[16] 匡芳涛, 文旭. 图形-背景的现实化. 外国语，2003，(4).
[17] 李福印. 认知语言学概论. 北京：北京大学出版社，2008.
[18] 王寅. 认知语言学. 上海：上海外语教育出版社，2007.
[19] 文旭. 语义、认知与识解. 外语学刊，2007，(6).

第 3 章 语法翻译法、直接法与听说法

为了便于读者了解辅以语料库的新认知教学法产生的背景，本章先简要概述一下辅以语料库的新认知教学法产生以前的教学法的发展状况。依照外语教学法的历史进程和发展动因以及目前国际上许多外语教学法专家的观点，我们将在本章及下一章简述认知教学法产生以前的以下外语教学法：语法翻译法、直接法、听说法、交际法、任务型教学法、内容型教学法。

3.1 教学法概念溯源

早在 1963 年，爱德华·安东尼(Edward Anthony)就前瞻性地论述了外语教学法的概念问题，并提出了外语教学法的三个层次概念。他把这三个层次由高层向低层依次表述为：Approach，Method，Techniques。他对三者分别作了这样的定义："Approach is a set of assumptions dealing with the nature of language, learning and teaching. Method is an overall plan for systematic presentation of language based upon a selected approach. Techniques are the specific activities manifested in the classroom that are consistent with a method and therefore in harmony with an approach as well."(转引自王才仁，1996：20)

从安东尼对外语教学法的定义中我们看到：Approach 是一系列关于语言、学习、教学本质的设想。在三个层次中据最高位置。Method 是根据选择的 Approach 制定系统陈述语言教学的总方案，为条理性地讲解语言材料做出整体规划，处于教学中间层级。Approach(路子)是公理性的(Axiomatic)；Method(方法)则是程序性的。而 Techniques 是呈现于课堂中的一系列具体的教学活动及技巧，是工具性的(Implementational)。这些活动要和 Method，Approach 保持一致。他认为，三者之间是从抽象到具体、从理论到实际操作的层级关系。他还指出，方法是为了有序地教授语言内容而制定的总体计划，其中前后必须一致，都要建立在所选择的思路上。安东尼对教学法三个层级的表述虽然基本上确定了这几个层次的关系，但在表述上太简单，论述不够深入。

加拿大学者麦基(M. F. Machey)指出，外语教学法的意思是“取决于特定的教学法本身。不同的人对教学法的理解也是不一样的”。一些人认为教学法指教学程序；而另一些人认为它是一系列教学原则，或者是一个固定的教学模式。但是，他放弃了给外语教学法下一个确切的定义的尝试。他只指出教学法之间的区别仅仅在于作为一种教学法所必须包括的内容。而且“一切教学，无论好坏，都必须包括某种选择、某种分级、某种引出和某种重复。选择的原因是我们不可能穷尽整个领域的知识。需要分级是因为我们不可能同时教授选择出来的东西。需要引出是必须用清晰的方式将选择出来、分级处理的知识表达出来。而重复指熟能生巧，练习出真知”。(同上) 因此，他的教学法是个概括性概念，包括了材料选择(Selection)、分级(Gradation)、表述(Presentation)和重复(Repetition)等四部分主要内容。应该看到，麦基模式存在缺陷，他的模式没有涉及 Approach，即根本的理论层面。

杰克·理查兹(Jack Richards)和塞罗多·罗杰斯(Theodore Rodgers)(1986)对教学法的层次问题进行了更系统、具体的论述。他们把安东尼的 Approach，Method，Techniques 重新命名为 Approach，Design，Procedure。同时，他们把 Method 这个词定义为“is an umbrella term for the specification and interrelation of theory and practice”，是 Approach，Design，Procedure 的一个上位词。理查兹和罗杰斯提出的教学法(Method)最为概括：它像一把伞，覆盖着理论(Approach)、设计(Design)、实施步骤(Procedure)三个

方面。它们之间的关系如下：

Approach 是指关于语言和语言学习本质的理论、假设和信念。它包括本族语语言理论，主要阐述语言熟练程度和语言结构的基本单位；另外还阐述语言学习的本质，包括心理语言学和认知过程在学习过程中的作用，以及成功使用认知过程于语言学习的条件。

Design 是指将 Approach 的理论应用于课堂教学活动和教学内容的编制，它包括以下七个方面的内容，即语言教学法的七大要素：

(1)语言理论；

(2)教学的一般(普通)和具体的目标；

(3)大纲模式，大纲模式是选择和组织语言和主题内容的标准；

(4)学习和教学活动的类型，它规定课堂的各种实践活动和任务；

(5)学习者的角色，它包括学习者学习任务的类型，学习者对学习内容的控制程度，学习者学习过程中的分组形式，学习者对其他人学习的影响程度，学习者作为信息的加工者、行动者、问题解决者等观点的选择等；

(6)教师的角色，包括教师的作用类型、教师对学习的影响程度、教师对学习内容的决定程度、教师和学习者之间的互动类型；

(7)教学材料的作用，包括教材基础作用、教材形式如何(教科书或是视听教材)、教材与其他语言输入的关系、教材对教师和学习者的假设等内容。

Procedure 是指从教学法和教学设计中派生出的实际操作方法和技巧，它包括课堂技巧，教师教学过程中使用的设备、占有的空间、时间等资源，学习者和教师课堂中采用的策略等。该模式丰富了教学方法的内容，第一次将教学目的、大纲设置、师生角色和教材等包括在教学法系统内。布朗(1994)将外语教学法定义为一种理论性的立场和观念，包括语言观和语言教学观以及两者在教学中的可应用性。

从以上的表述中，我们可以看出，无论是麦基、安东尼、理查兹和罗杰斯，还是后来的布朗，他们表述的 Method 一词虽然不属于同一种内涵，但从教学法的层级关系的分析来看却是基本一致的。他们都试图将语言教学理论与教学实践联系起来，组成一种有效的教学体系或系统方法。因此，我们采用的方法概念与安东尼的方法概念基本类同，即把“方法”(Approach)定义为对语言、语言学习和语言教学的本质的集体智慧。外语教学法是外语教育理论的下一层理论逻辑体系。

3.2 教学法结构体系

那么，外语教学法结构体系是如何建构而来的？我们认为教学法的结构体系不应该是事先为教学法设计的模子，而应该是发展到一定的阶段，出于研究或实践的需要总结而成的。因此，外语教学法结构体系应该是在已有教学法的基础上，并随教学法本身的演变而发展的体系。可以说，忠于教学法本身的对基本特征的归纳才是使教学法具体化、实用化，增强其操作性和可理解性，减少模糊性、随意性、抽象性的基本态度和方法。因此，结合上一小节中的规范性定义，以及各种外语教学法的论述，我们可以对教学法结构体系做如下概括："发展比较成熟，内部机制较为完善的外语教学方法，应是一个由'外语教学的基本看法即教学理论基础'、'施教程序'、'方案总体设计'组合而成的有机整体结构。"（姬建国，1992：54）由教学原理、教学程序和方案设计组合而成的有机整体结构规定了教学原理、程序、设计三方面不可分割以及相互联系、相互依赖的关系。其具体内容如下：

教学原理包括：某一关于语言实质的理论或假说和某一关于语言学习实质的理论或假说；教学方案的设计包括：教学目标的确定、教学大纲的确定、教学活动类型的选择、学生角色功能的确定、教师角色功能的确定和教材角色功能的确定；课堂施教程序包括：教与学、学与学、学与教之间的相互作用，教师对时间、空间、教具的安排、处理、使用，施教手法、学习技巧、教学原则以及总体教学方案的一致性，它们构成语言教学概念的多维模式。（姬建国，1992：56）

3.3 区分与评价教学法的基本标准

那么我们如何区分并评价不同的教学法？其基本的标准是什么？克斯·约翰逊对此提出了一个较为完整的界定指标。他认为，在考察一种外语教学法时，要从七个问题入手。对这七个问题的回答是准确评价一种教学法的根本依据。

(1) 该教学法的“大观点”是什么？“大观点”由哪些小观点组成？这些观点中，哪些是激发灵感的主要观点？

(2) 该教学法的理论基础是什么？在理想状态下，一种教学法是由语言理论和语言学习理论支撑的。

(3) 该教学法期望多少思维投入？不同的学习理论对学习过程中思维的投入观点不一。例如：行为主义学习理论认为学习是习惯的形成，思维在教学中几乎不起作用，而任务型教学法却要求学生积极地参与思考。

(4) 该教学法注重演绎还是运用归纳的方法？演绎学习是指首先给学习者提供规则，然后演示规则在实际中的运用，即教学采用从规则到例子的方法；归纳学习正好相反，教学采用从例子到规则的顺序。

(5) 该教学法是否允许在课堂教学中使用母语？许多教学法不惜一切代价回避这个问题。

(6) 该教学法强调听、说、读、写四项技能中的哪一种能力的培养？

(7) 该教学法如何界定对语言的“真实性”？一些教学法强调必须尽可能地为语言学习者创设真实的语言环境，而另一些教学法没有做这方面的努力。(Johnson，2002：162)

3.4　语法翻译法

语法翻译法 (Grammar-Translation Approach) 可以追溯到中世纪欧洲的外语教学，那时外语教学主要是教希腊语和拉丁语，人们对外语教学方法的认识还很粗浅。一方面，可供外语教学吸取营养的基础学科还没有成长起来，尚处于萌芽阶段；另一方面，现代意义上的心理学、语言学、教育学都还处于极为初步的发展阶段，正在科学的道路上艰难地摸索着。心理学还没有从哲学的母体中分离出来，靠经验主义提供源源不断的营养。语言学也没有脱离哲学的案臼，处于“传统语法阶段”。

传统语法通常凭借逻辑判断对语言进行研究，其研究的重心从一开始就落在了语言结构上。而这时对语言结构的重视也主要源于古希腊哲学家对语言的不同看法：一派认为语言是受自然支配的，是一种自然产物。它来自于外部原则，人类对语言无能为力。这种观点被称为“自然派”语言观。另一派则认为语言是由惯例支配的，认为语言是约定俗成的，并随着人类习惯的发展而变化，人类可以改变它。这种观点被称为“惯例派”语言观。两派争论的焦点是一个词的意义与它的形式之间到底有没有内在联系。这种“自然派”语言观与“惯例派”语言观的论争持续了好几个世纪，从而使语言研究与哲学联系了起来，促进了语法学的发展，并对外语教学法的变革和发展产生了持久深远的影响。

3.4.1 以语言本位主义为主导的语法翻译法的形成

“惯例派”语言观的代表是亚里士多德，他认为“语言形成于惯例，因为名称没有天然产生之理”。他对名词、动词做了进一步论述，并提出了几种识别句子成分的标准。斯多噶学派是亚里士多德的反对者。他们清楚地区分了语言的逻辑研究和语法研究，并运用精确的语法术语区分了五种词类：名词、动词、连词、冠词和关系代词。不管是“自然派”还是“惯例派”，他们都努力研究语言的结构，寻找语言的原始形式。他们的共同努力促成了《语法科学》的诞生。斯拉克思(Dionisius Thrax)的《语法科学》是西方第一部较完整的、较重要的语法书。该著作的基本理论和描写为后世的语言研究奠定了基础，并且对语言教学产生了巨大影响。可以说，直到现代语言学产生之前的几个世纪，语言研究和外语教学都一直按《语法科学》的道路前进。

古罗马与希腊交往由来已久。公元前三世纪，征服希腊的罗马帝国反而被希腊悠久的文化所征服。罗马人对希腊的优秀文化尤为佩服。在庞大的罗马帝国中，操不同语言的人相互交往频繁，语言的学习与教授成了当时罗马帝国迫切需要解决的问题。由于拉丁语与希腊语结构相近，因此语言学家们开始用希腊语的理论与范畴来直接描写分析拉丁语。可见，拉丁语语法与希腊语语法之间具有传承关系，而且对语法的研究首先起源于对语言教学的需要。外语教学从其产生之日起就打上了“语言”的烙印。而当时的语言研究就是传统语法研究。这样以语法研究为本位，进而影响到外语教学。

因此，最早的外语教学教材是以“系统语法-翻译法”为基础编写的，无论是教师还是学生，他们在教授或学习过程中都以传统语法规则为中心。教师必须熟悉各种语法术语和规则，并以此来描述和解释语言，而学生也只能通过对语法、结构，如主、谓、宾、定、从、状、性、数、格等概念的掌握，来获得一门外语的语法规则，从而达到阅读、翻译或更高水平地运用外语的能力。基于这种语言研究和语法观，人们在外语教学中引入了语法翻译法，其理由是：目的语主要通过一个规则系统来解释。这个规则系统蕴含于经典的文学作品的语篇和句子中，并与学习者的母语的规则与意义相联系。语法规则的学习和翻译是达到理解目的语与母语规则和意义相联的基本原则。因此，母语作为教学语言，同时与目的语进行互译，在教学中起着不可替代之作用。

3.4.2　语法翻译法的基本原则

语法翻译法是外语教学史上最古老的方法之一，也是外语教学中最重要和最基本的方法。它的基本原则是追求语法和翻译能力。

语法翻译法经历了古典翻译法和近代翻译法两个发展时期。古典翻译法的教学步骤大致如下：

(1)用母语介绍课文内容或者阅读课文的母语译文两至三遍。

(2)教师逐句阅读课文，讲解每个词的意思、语法形式和句子结构，并进行逐句直译，学生此时则消极地听教师的讲解和朗读。

(3)教师逐句重读课文，并作标准翻译。

(4)教师朗读课文，每段读若干遍，先泛读，后领读。

(5)通过对课文语法现象的观察和分析归纳语法规则。

(6)通过从母语译成外语的练习巩固课文。

(7)阅读训练结束后，开始进行阅读原文著作的训练。(章兼中，1983：11)

近代语法翻译法是在古典翻译法的基础上变化发展而成的。它遵循以下基本原则：

(1)教学以母语为教学中介，详细讲解复杂的语法规则，伴随大量孤立的、脱离语境的词汇。

(2)分析并运用母语翻译课文。

(3)教材结构以课文为主线，首先引入语法规则，然后是带有母语释义的外语单词表，常用的练习形式是目的语和母语之间的互译，句子是语言教学的基本单位。

(4)教学的主要内容是以语法为手段进行句子的双语互译。

(5)阅读能力优先，整个教学的目的是培养学生的阅读能力，让学生掌握语法规则和一定的词汇，达到可以阅读的水平，以理解欣赏古典文学作品。

从第一节提到的教学法的七个要素对语法翻译法进行分析，可以较清晰地看到该方法的特点：

(1)该方法将语法教学作为重中之重，将语言视为语法结构体系，所以对语法结构和单词的掌握就是对语言的学习。该方法只注重书面语的教学，忽视口语教学。

(2)教学的目标是培养学生的阅读外国文学作品的能力并通过外语学习促进学生智力的发展。

(3)教学中使用母语为教学中介语，以讲授法为中心，强调学生背诵、翻译的方法学习。因此，在课堂教学中基本上教师是中心，学生处于被动的接受者的地位。

(4)教材是教师教学的主要依据，教师严格按照教材内容，依据简单的教学程序把语言知识教授给学生。讲解、背诵、翻译、巩固练习是课堂活动的主要形式。

(5)词汇的选择依据是课堂使用的教材，而不是儿童的接受能力；句子是教学的基本单位。

(6)语法的教学是演绎式的，即呈现和学习语法规则，然后通过大量练习巩固。语法教学力求系统的、有组织的。

3.5 直接法

语法翻译法掀开了现代外语教学法的第一页，但是由于它与外语教学本身的使命存在着严重的对立，难以解决外语教学中碰到的问题，难以满足学生学习外语的各种要求，许多学者于是另辟蹊径，直接法(Direct Approach)由此应运而生。

3.5.1 直接法的基础——序列法兴起

序列法创立于 19 世纪末。已到中年的法国语言学家古安(F. Gouin)来到汉堡，立志自学德语，虽然身处异国，古安没有利用与当地德国人交流来学习德语的有利条件，而是奉行流行的外语学习方式，选择背诵大量语法和词汇，以及翻译歌德、席勒等人著作的方法，矢志于在书房中获得一门新的语言。结果却令他大失所望，每当他在公共场合开口使用在书斋中学习到的德语时，总是成为大家嘲笑的对象。古安外语学习的失败正是语法翻译法失败的体现。他灰心丧气地回到家后却发现三岁的侄子已经可以流利地使用法语了。他开始投入大量的实践观察侄子和其他孩子是如何学习语言的。经过长期的观察，他得到这样的结论：语言学习实际上就是将感知事物转化为概念。儿童就是运用语言来表达概念的。语言是思考的工具，是世界万物呈现于人的体系。儿童是使用语言来观察世界、组织经验的。他们按照事物发展的顺序，以整句话为单位学习。

这就是古安的发现，由此他创立了序列教学法——一种早期的直接教学法。这种方法要求学习者直接地而不是通过翻译学习语言；概念性地理解学习相互有联系的整个句子，而不是学习和解释语法规则。序列法有以下几点主要原则：

(1)动词是语言的中心，学好语言的关键在于对动词的掌握。

(2)句子是教学的基本单位，应该以整句而不是以单词作为教学的基本单位。动词要在句子中学习。

(3)幼儿在活动时对语言的使用既是使用语言的过程，又是学习语言的过程，应该对此原理加以充分运用。儿童的游戏活动是由一系列动作构成的，它们按时间顺序连续发生，因此，儿童需要使用一系列内容上有联系的带有动词的句子。

(4)内容上有逻辑联系的语言材料比孤立的没有联系的语言材料易学。(章兼中，1983：41)

古安是直接法的先驱，他的研究推进了直接法的发展。他试图应用儿

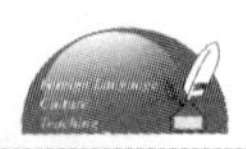

童习得母语的方式来改进当时的外语教学，希望由此找到一种语言自然习得的捷径。德国学者弗兰克(R. Franke)也对外语教学进行了研究，他指出，外语教学要遵循目的语的意义和形式的心理直接联系原则。根据弗兰克的观点，语言教学最好通过在课堂中积极地应用目的语，教师应鼓励学生在课堂上直接自主地使用学习的语言；课堂上不应使用解释性的程序对语法进行详尽的讲解，而应让学生通常学习归纳获得语法知识。

3.5.2 自然主义方法论的产生

受古安和弗兰克的影响，从那时起外语教师和教学法专家们都希望把外语教学建立在人习得语言的“自然过程”之上。

19世纪末，正是这种对“自然”习得语言的兴趣和热情催生了直接法。直接法主张在外语教学中要避免使用儿童习得语言过程中没有采用的非自然的学习方法，如有意识地学习语法、本族语与目的语的对译，以及大量的阅读等学习方式；而应该代之以儿童习得语言中模仿、复述等自然学习方法。19世纪对“自然”的迷恋主要来自教育哲学的影响，而非儿童心理学的影响。自然教育观首先起源于17世纪夸美纽斯(J. A. Comenius)的教育思想，而后在卢梭(J. J. Rousseau)1762年发表的教育著作《爱弥尔》中得到进一步发展，它形成一股强大的思想洪流影响着教育的方方面面。裴斯泰洛齐(J. H. Pestalozzi)和福禄贝尔(A. Froebel)两位伟大的教育家在各自的著作和躬身教学实践中处处贯彻自然教育思想。在形成“语言学习自然过程”思想的过程中，教育家们创立了一种意义深远的思想传统，它不但成为直接法的思想基础，也为20世纪进步主义教育运动提供了精神食粮。

高度重视儿童时期的自然教育的思想最典型地反映在卢梭以及其追随者的“自然教育”思想中。尤其像裴斯泰洛齐和福禄贝尔这样的追随者，他们运用的“自然”这个词有两层含义：一是真实地体验真实的世界；另一层意义是儿童通过与现实生活的矛盾冲突，释放自身的内在能力。教育者的任务就是引导儿童在现实世界中通过体验获得自我控制的能力，同时掌握独立生活的知识。把“自然”看做一个能量源，是一种浪漫主义。建立在这种观念之上的直接法因此充满了浪漫主义色彩。它似乎使我们相信，人类拥有一种在婴孩时期最有效的无与伦比的语言习得能力。如果我们还能在人类的其他时期找到儿童时期习得语言的能量源，那么我们的外语学习也能像婴孩学习母语时一样成功。另外，现代实验心理学奠基人冯特(W. M. Wundt)在谈到关于语言学习的心理学理论时指出，“语言心理中起主要作用的不是思维，而是感觉。因此，引入意识中的概念和表象所伴随地刺激应当尽可能有感觉的成分，而最强有力的感觉又是由音响表象所引起的”(转引自章兼中，1983：26)。直接法以“口语教学为基础”以及以“模仿为主”的教学原则就是该理论影响的结果。

3.5.3 直接法的特点与主张

19 世纪末，结构主义语言学的兴起为外语教学法的发展开拓了新的空间。1886 年国际语音协会成立。1888 年，国际语音协会从结构主义语言学的角度对语言单位进行了科学的分析和系统的分类，产生了标准国际音标，它为外语教学从书面语教学转向口语教学铺平了道路。在改革外语教学、改善外语教学质量的问题上，国际语音协会提出了以下几条原则：

(1) 以口语作为外语教学的主要内容；

(2) 以归纳法作为语法教学的基本方法；

(3) 用所教的外语，而不是母语作为教学语言，建立联想途径；

(4) 强化语音练习，养成良好的语音习惯；

(5) 以对话和口语化的文字作为教学内容，使学生尽可能多地接受口语表达方式和习惯用语。(姬建国，1992：12)

在上述一系列因素的共同推动下，直接法很快成为 20 世纪上半叶最具影响力的教学法，它具有以下特点：

(1) 以所教的外语作为教学语言。直接法认为，语法翻译法采用母语作为教学语言，把翻译作为教学手段造成了语词和它们所代表的事物和意义之间的联系中断，使外语形式和客观表象成为间接的关系，这是造成外语教学失败的主要原因之一。因此，必须摒弃母语作为教学语言的做法，以便排除母语对掌握外语的干扰，使外语语词与意义之间建立直接的联系，使学生直接从外语的使用过程中学会这门语言。

(2) 把与日常生活相关的语言和词汇作为教学内容。学以致用、学用结合是直接法的重要原则。

(3)严格按照由简及繁、循序渐进的师生问答形式进行口语交际能力训练；班级人数应该较少，教程安排的强度应较大。

(4)采用归纳法进行语法教学。直接法专家们认为，幼儿学习语言从来就不是从语法开始的，语法学习不是口语能力的必经之路，而是为了写作和阅读的正确性。因此外语教学应该先让学生掌握语言材料，然后在语言材料中总结出语法规则。这与语法翻译法主张的“演绎式”语法教学针锋相对。

(5)采用口头介绍的方法呈现新的语言现象。

(6)通过直观教具如图片、实物、示范表演的方式教授具体词汇；通过联想和对比的方式教授抽象词汇。

(7)同时进行口语和听力教学，口语优先和听说并进的原则是根据幼儿学语首先从听说开始，然后学习文字符号的规律提出的。

(8)语音和语法要做到准确。语音的准确性关系到交际时的理解，语法的准确性确保表达和书写语言的正确。(Richards & Rodgers，1986：9-10)

反映在课堂教学中，这些原则体现为更加具体的程序性要求。尤其在贝利子(M. Berlit)语言学校中，直接法的教学原则遵循下列具体要求：不翻译，只演示；不解释，只行动；不讲演，只提问；不重复学生的错误，只纠正；不单独使用单词，只用句子；老师不多讲，学生多讲；不照本宣科，使用课堂教学提纲；不跑偏，严格遵循教学计划；不操之过急，与学生的进展保持一致；不使用过快语速，简化节奏速度自然；保持正常语速，不放慢语速；不急躁，沉着耐心。(Richards & Rodgers，1986：10)

3.5.4 直接法的贡献与不足

首先，直接法确立了正确的外语教学目标，提出翻译不能作为外语教学的目标，口语交际能力才是外语教学的目的。直接法第一次反思并确定了外语教学应该达到的目标，即语言的实际运用能力，尤其是口语能力。翻译的目的和作为掌握外语的方法被彻底摒弃。直接法以语言的实用目的作为教学目标与语法翻译法的“训练学生的思维”的目的比较起来，更加符合外语教学发展的要求和规律。同时，目的语作为课堂教学语言正式成为以后各种外语教学法遵循的基本原则。

其次，根据“幼儿学语”论设计外语教学过程的做法开始将语言学习的中心转向学习者，尤其是学习者的语言发展规律问题。可以看出，在回答什么是最好的外语学习方法时，直接法首先从儿童母语发展的规律中寻找答案。它第一次将外语教学的目光投向了人类的语言习得过程，即人类的语言发展过程。直接法运用直接联系原则，认为语言形式与客观表象之间的联系是直接的，因此教学方法也要使每一个外语词语同它所代表的事物和意义直接联系起来。所以，外语教学不应该在外语形式和客观表象之间加入母语媒介，而应该直接运用目的语教学以达到意义与形式的有效结合。而且，直接法认为直接联系原则有利于培养学生的外语思维能力，使他们真正获得语言(尤其是口语)交际的能力。

但是，由于当时人们对语言发展的规律认识尚为肤浅，对外语教学的目的认识只是从人文性的教养目的转向口语交际的实用性目的，没有全面认识到外语教学的工具性目的和教养性目的之间的关系，对人类发展的影响等问题没有深入的了解，因此直接法也有以下不足：首先，直接法对儿童学习母语与学生学习外语之间的差异认识不足，没有认识到在儿童自然习得语言的过程中，儿童有足够的时间接触母语，很多时候成人会帮助儿童纠正在语言习得过程中出现的错误。同时，儿童在成人的呵护下，以个性化的方式学习也是他们快速习得语言的重要因素。这些支持性要素在学生的外语学习过程中不太可能实现，即使创造了与儿童学习母语相似的条件，学生在学校环境中的外语学习仍然不可能像儿童一样快速学习语言。其次，直接法过分强调儿童自然学习母语与外语课堂教学之间的共性，从而歪曲、忽视了课堂外语教学的实际。一是直接法从来没有完全承认母语在学习外语中的作用；二是它以经验性的语言学习规律作为外语学习的理论基础，缺少科学的语言学和教育学理论支持。最后，直接法只是朴素自然法提升的结果，还没有发展成为真正科学的、符合教学实践的方法。听说法以“科学的”、“有效的”的声势到来，成为 20 世纪接替直接法的最重要的方法之一。

3.6 听说法

直接法打破了语法翻译法建筑的外语教学的神话，开辟了新的外语教学革命浪潮，但直接法本身的脆弱和问题反过来又激发出更多的探索，听说法(Audiolingual Approach)就是这一背景下的重要成果。

3.6.1 听说法的科学基础

行为主义心理学为听说法提供了学习理论基础。注重对学习理论的探索是行为主义存在并且具有旺盛生命力的根本原因。桑代克(E. L. Thorndike)的联结主义学习理论在心理学和教育学领域享有极高的声誉。根据大量的动物研究实验得出的实验结果，桑代克认为心理、学习情景与反应相互联结。其联结规律的寻找应该从研究行为入手。行为可被分解为最简单的元素：刺激-反应元素。根据这些观点，桑代克认为学习的基本方式是选择和联结学习。在其学习理论实验中，他首先为学习者提供一个问题情景。学习者必须达到一定的目标，才能获得奖励。在达到这个目标之前，学习者需要从许多可能的反应中选择一个，经过多次的选择反应，最终获得一种便捷的途径来达到目标。一次尝试的成功与否由达到目标花的时间长短决定。学习者达到目标所花的时间较短，表示学习者学会了如何作出正确的选择反应。

行为主义的代表斯金纳(R. Skinner)再一次将前人的理论推向一个新的高潮，产生了新行为主义。这一理论很快便受到教育领域的极大欢迎，并开始在教学实践中流行起来。斯金纳并不满足于古典行为主义的理论基础——刺激-反应联结，认为在更多情况下，行为主体是通过自己的努力获得某种知识信息的。这类行为的反应不需要与已知的刺激相联系。基于这些认识，他将有机体的行为分为两类：一类是应答性行为，即由已知刺激引起的反应属于应答性行为；一类是操作性行为，即反应行为不是由已知刺激产生的，而是自发性产生的。这一理论是新行为主义有别于古典行为主义的核心所在，也是行为主义理论的创新与发展。斯金纳还指出，人类行为大多属于操作性行为，只有少数是应答性行为。斯金纳从行为主义出发研究学习，认为“学习过程是作用于学习者的刺激和学习者对它作出的反应之间的联结的形成过程”（杨启亮，1995：308）。但他认为反应性质不仅受到刺激的制约，还受到一个中间环节的影响，这就是人的内心活动的中介作用。相比之下，斯金纳的理论由于建立了操作性条件反射的新概念，大大推动了早期的行为主义的理论。因为，巴甫洛夫的条件反射理论是建立在不需要有意强化的反应和刺激的基础之上的，而操作性条件反射是建立在效果律的基础之上的，因此强化就成为了必要因素。这样，行为主义将对动物实验的研究结果扩大到人类的日常生活，并将它应用于教学理论的研究中。操作性条件反射理论始终坚持认为“人类的行为是以存在于有机体之外的外部环境诸变量或诸因素为根据的。所以它始终主张着眼于外部变量，主张教育的价值就存在于着重发现控制外部环境以引起行为可操作的变量，而不必徒劳无功地过多去研究和计较那些不能从外部观察到的和不能直接操作的内部过程”（杨启亮，1995：309）。这一理论在学习中的应用，突出了强化的意义。

行为主义者认为，动物的学习行为是随着一个起强化作用的刺激而发生的，人的一切行为几乎都是操作性强化的结果。人类的学习过程就是在一个操作发生后，出现一个强化去增加这个操作的强度。可见，操作强化能提高行为的效率。但是，强化刺激并不和反应同时或先于反应发生，而是随着反应发生。也就是说，有机体必须完成所期待的反应，然后给以强化刺激，使反应更容易发生。在这一过程中，最重要的是刺激是随着反应后的那个刺激，而不是发生在反应之前的刺激。如果一个操作发生后，接着呈现一个强化刺激，那么，这个操作的强度就会增加。这个过程中最重要的一点是强化要紧随着反应。

行为主义者试图找到人类各种形式的学习规律，尤其是语言学习的规律。他们找到的语言学习规律归纳起来有以下几点：

(1) 试误以及错误规律，即不断地实验和犯错误而学有所得；

(2) 习惯规律，即通过练习进行学习，不断操练形成习惯，从而达到自动化的程度；

(3) 效果率规律，即当一个行为受到奖赏产生积极效应，或遭到惩罚产生消极效应时而学有所得；

(4)相似规律，即当某些情景与学习情景有相似之处时，人们便将学习过的东西重复并转移到这种情景中去。

上述规律被听说法吸纳后，成为支持听说法学习理论的主要原则。

3.6.2 听说法的语言教学基础

听说法又称结构法、句型法，很显然，“结构”、“句型”这两个词都表现了该法的语言理论特点。听说法的语言理论基础就是当时盛行的“结构主义语言学”。这里的结构主义特指美国的结构主义语言学理论。其中，结构主义语言学家弗兰斯·博厄斯(Franz Boas，1858—1942)认为，“研究每一种语言都要找出其功能单位和内在结构，不应该过早建立什么一般性的语言理论”(王家炎，1985：60)。他在1911年出版的《美洲印第安语言手册》中总结了描写语言学的框架和描写主义的研究方法。从此，美国语言学在科学描写的道路上迅速发展。爱德华·萨丕尔(Edward Sapir)是博厄斯的高徒。《论语言》是他的重要专著。他认为“语言是人类特有的，非本能的交际方法，是表达思想、感情、愿望等主观意志的符号系统”(转引自刘润清，2002：126)。关于语言与思维的关系，他认为“语言是工具，思维是产品，没有语言、思维是不可能的。……思维是独立的领域，只有语言才是通向思维的唯一道路”。“语言是声音符号，该符号可被机械或直观符号代替。语言是一种结构，是思维的框架。我们要研究的正是这种抽象的语言，而不是实际说出的话语。”(转引自刘润清，2002：128-132)

布龙菲尔德(L. Bloomfield)是美国语言学的集大成者，结构主义语言学的奠基人。他开创了一个语言学流派，引领了美国20世纪三四十年代的语言学，创造了一个“布龙菲尔德的时代”。布龙菲尔德发展了博厄斯、萨丕尔以来的理论的基础并深化了结构主义语言学。布龙菲尔德结合当时盛行的新行为主义心理学理论，用刺激-反应论来解释语言的产生与理解过程，并应用于教学方法的设计与实验中，对语言学与语言教学都产生了重要的影响。听说法就是在这些结构语言学的理论基础之上发展起来的。它是第一个系统运用语言学和心理学理论的教学法体系。在这些结构主义语言学家看来，语言是高度结构化的体系，但人们进行语言活动时只知道说什么，并没有意识到自己说话的语言结构。人们掌握这些语言结构已经到了自动化的程度，说话时可以不自觉地运用。因此，学习外语就应该达到不自觉地运用语言结构的程度，成为一种新习惯。这种习惯的养成需要反复的模仿、操练和实践。因此，听说法主张模仿、操练语言结构，要求达到能够不自觉地运用这些结构的程度。

3.6.3 听说法的创立

美国结构主义语言学研究者对语言进行了脚踏实地的调查研究，在掌握实际语言材料的基础上，对语言进行了共时性的研究分析，精细、准确地描写了具体语言的实际特征并获得了方法论上的成功。同时，他们也总结了语言的“分布”理论和区别性特征，促进了语言理论的充实和发展。这种方法曾试图摆脱“心灵主义”的左右，客观地、科学地描写语言的基本特征。这种分析方法一直影响着语言各个层面的描写，它所运用的程序广泛地被语音学所检验。这种对语言的直观描写，很自然地影响了结构主义语言学者们参与积极的语言教学工作。由于教学需要，他们把句子的研究提高到重要的地位，提出了基本句型以及句子的扩展、转换等概念，进一步充实了这一理论的语言教学，为听说法扫清了语言教学上的重要障碍。在这种教学中，被热情吹捧的行为主义学习理论也被非常自然地吸纳进来，强化得到广泛的应用。如语言结构的操练：在教学中应用替代练习(相同的结构、词组变化)，确定句子的组成部分，并阐明“主语+进行时+地点状语”的结构。

He is sitting in the classroom.

刺激：Dancing

反应：He is dancing in the classroom.

从华生(J. B. Watson)的《行为主义》(1925)一书的出版到斯金纳的《言语行为》(1957)、《行为的实验分析》(1969)等一系列代表行为主义的专著问世，兴起了一场反对主观以及内省心理学的心灵主义理论的哲学运动。他们试图通过可以观察的行为来分析人类所有的心理现象，并应用于人类的学习行为中。语言活动是这些行为之一。通过实验程序对人的语言活动进行观察和分析，排除“内在现象”，在刺激和反应之间建立密切的联系。行为主义通过对人的行为的客观观察，用“强化”概念启示人们，在刺激与反应之间增加一种可变化的中间环节，也就是赋予学习环境重要的作用，促进学习效率。而结构主义方法试图“客观地”、“准确地”描写具体语言的特征，以建立一种语言学习程序，为语言学习服务。通过分析美国结构语言学，找到了与行为主义理论预设完全一致的方法论——结构主义描写的方法论。他们将行为主义发展成为将学习理论与当时流行的结构主义语言学派生的方法论相结合的方法。正是这两种理论的相互吸收和相互欣赏，两者联姻产生了一种在 20 世纪四五十年代看来完美的程序教学的普遍方法论。这种模式的协调性无与伦比，它从三个方面的结合中获得了巨大的生命力：一种建立于规律、实验、循序渐进、习得到检查、动机、学习者与所学内容之间的关系的理论；一种建立于高度科学教学法标准基础上的学习理论；一门不接受内省以及心灵主义，为语言现象的客观方法辩护，并为材料提供更为客观分析的语言学；一门同样也适应于学习机械论的技术。这种学习有益于教学机器以及语言实验室的发展。语言实验室曾经使源于行为主义方法论的教学技术得到运用。这样，行为主义心理学与结构主义语言学就形成了重要的姻亲关系，由此产生了听说法。自此，语言教学方向再次发生根本性的转变。

3.6.4 听说法的基本教学原则和施教细则

根据外语听说教学法的实践，可以把听说法倡导的基本教学原则总结如下：

(1)听说领先，读写跟上；

(2)新的语言项目以对话的形式引入，学生在听说训练完后，才能看到所学对话的书面形式；

(3)采用模仿、背诵词组和重复基本句型的方法学习；

(4)语法教学采用归纳对比法对语法进行演绎性解释；

(5)教学中及时纠正学生错误，强化正确形式；

(6)口语技能以句型操练为主要内容，词汇教学融于句型教学之中，并在限定的情景中进行；

(7)重视语音教学，教学中可使用磁带、语言实验室、视听教具。

听说法在课堂教学中应贯彻以下几条具体施教细则：

(1) 在学生入门阶段，教学重点放在口语技能上。随着学习的深入，逐渐将口语技能与其他各项技能联系起来；

(2) 口语技能是指在人际交往中，使用标准的发音、正确的语法概念、迅速作出反应的能力；

(3) 语音、词汇、语法和听力的教学目的，均在于发展学生的口语流利程度；

(4) 阅读与写作技能的教学必须在优先发展口语技能的前提下考虑。(Richards & Rodgers，1986：50-52)

3.6.5 听说法的教学目标与教学过程分析

1. 听说法的教学目标

由于听说法在教学原则上的标新立异，反对把语法分析和阅读能力作为教学目标，主张以口语能力的培养作为主要目标，因此与直接法相比，课堂教学程序显得焕然一新，而且在具体施教方法、教材呈现形式、测试等方面也有了较大改变。听说法把教学目标分为近期目标和远期目标。近期目标包括掌握语音、词汇、语法结构，并理解语言材料的准确含义。远期目标要求学生可以像外语本族语者一样熟练准确地使用外语。

2. 听说法的教学程序

听说法主张的教学程序大致可以分成三种。第一种程序将教学过程分成两个阶段：一是理解阶段，占课堂教学时间的 15%；二是运用阶段，占课堂教学时间的 85%。第二种把教学过程分成口授语言材料阶段、模仿阶段、最小对立体练习阶段、句型练习阶段、师生对话阶段、读写操练阶段。第三种是美国布朗大学教授瓦德尔 (W. F. Twadell) 根据听说法原则以及他的多年研究于 1958 年提出了听说法五段学说。他的五段教学程序论，即认识、模仿、重复、交换、选择五个阶段。

3. 听说法的教学过程分析

听说法的课堂教学围绕着小段对话和句型操练展开。当小段对话的语言材料以听说的形式经过介绍、模仿、重复记忆后，提炼出语言材料中具有典型特点的句型，作为句型练习和各种机械操练的材料。可见，听说法最为鲜明的特征是句型的机械操练。听说法强调听说领先，兼顾读写，重

视听力、口语技能的训练培养，重视语言的实际运用能力。句型操作体系克服了语法翻译法的繁琐和演绎推理，对外语初学者建立良好的语言习惯、培养正确的语感有着积极作用。但听说法过分重视语言形式，强调机械的控制性练习，忽视语言的内容和意义。它不利于学生在学习中发挥主动性和创造性，不利于培养学生灵活运用语言知识进行交际的能力。原有的听说法是一种机械的操练，阻碍学生学习的主动性和积极性，不利于人的思维能力的发展，既不适应外语教学，也不利于人的发展。而且以乔姆斯基为代表的转换生成语法理论对听说法理论基础进行了彻底清算，对听说法的结构主义语言学和行为主义心理学理论基础进行了全面批判，并提出：语言不是一个习惯结构，而是一个生成转换结构；人脑中有一种先天的语言习得机制，学习者通过语言规则可以创造许多新语言；语言能力决定语言行为。结构主义者只关注语言的表层结构，而忽视了深层结构，结果造成外语教学中形式训练不当。仅仅建立在分析表层结构的形式操练不可能达到学习句法关系的目的，其教学过程也将是失败的。

本章参考文献：

[1] Brown, D. *Principles of Language Learning and Teaching*. Beijing: Foreign Language Teaching and Research Press, 2001.

[2] Brown, D. *Teaching by Principles: An Interactive Approach to Language Pedagogy*. Beijing: Foreign Language Teaching and Research Press, 2001.

[3] Johnson, K. *An Introduction to Foreign Language Learning and Teaching*. Beijing: Foreign Language Teaching and Research Press, 2002.

[4] Richards, Jack & Theodore Rodgers. *Approaches and Methods in Language Teaching*. Cambridge: Cambridge University Press, 1986

[5] [加]M. F. 麦基著. 语言教学分析. 王得杏译. 北京：北京语言学院出版社，1990.

[6] 姬建国. 外语教学法新论. 兰州：兰州大学出版社，1992.

[7] 刘润清编著. 西方语言学流派. 北京：外语教学与研究出版社，2002.

[8] 王才仁. 英语教学交际论. 南宁：广西教育出版社，1996.

[9] 王宗炎主编. 语言问题探索. 上海：上海外语教育出版社，1985.

[10] 杨启亮. 困惑与抉择——20 世纪新教学论. 济南：山东教育出版社，1995.

[11] 章兼中主编. 国外外语教学法主要流派. 上海：华东师范大学出版社，1983.

第4章 交际法、任务型教学法与内容型教学法

4.1 交际法

交际法(Communicative Approach)在20世纪70年代产生于欧洲共同体，它是一种以培养学生的交际能力为目的教学法体系。

4.1.1 交际法产生的语言学理论基础

一、海姆斯等的交际能力理论

在语言学领域，首先对乔姆斯基的转换生成语法理论提出强烈反对意见的是海姆斯(D. Hymes)。他撰写的《论言语能力》以清楚确凿的语言反驳了乔姆斯基提出的“语言能力”观点，并树立起自己的理论。乔姆斯基创立的生成语言学派把人类学习语言的能力看成是与生俱来的，每个人的头脑都有一个语言习得机制，人可以根据有限的语法规则创造无限的句子等等，他认为这种认识的正确性是极其有限的。因为，乔姆斯基只研究语言能力，而忽视了语言运用研究。而且，乔姆斯基研究的语言能力是指在一种理想状态中理想的说话人和听话人掌握的语言知识，这个理想的说话

人、听话人具备完美的语言知识，并在一个完全均质的语言环境中运用语言。在乔姆斯基看来，语言运用是理想听话人、说话人不完全和退化的语言能力的反映，因此不作为语言学研究的主要内容。表现在外语教学法中，这种观点存在的问题关键在于必须在真实的语言运用能力和理想状态的语言能力之间作出选择。

海姆斯认为乔姆斯基所谓的语言能力应称之为语法能力。一个人没有语法能力不行，但只有语法能力同样也是不够的。因此，他提出了“交际能力”的概念。“交际能力”具体包含以下四方面的能力与知识：

(1) 该语言是否或在某种程度上合乎形式，即合乎语法性；

(2) 该语言是否在某种程度上可运用，即可接受性；

(3) 该语言是否或在何种程度上符合运用的背景；

(4) 某项语言是否可以被完成、操作，包括哪些行为。(Hymes，1972：281)

海姆斯主张人们在运用语言时既要考虑其语法性，又要考虑其可接受性；既要考虑谈话的场合，也要考虑谈话的方式等——这就是运用语言的交际能力。

后来，坎纳尔(Canale)和苏安(Swain)在海姆斯“交际能力”理论的基础上，将其中的四项原则进一步完善，提出了以下四种能力：

(1) 语法能力——具体地说，是支配语法和词汇的本领，即乔姆斯基的语言能力。

(2) 社会语言能力——指对进行交际的社会环境的理解力和敏感程度。该能力具体反映在对交际对象之间的关系，对交际各方相互交流的信息，以及对各方相互交流的目的理解上。

(3) 语境能力——即从整个语篇和各个部分之间相互关系的角度解释具体词、句、语义的能力。

(4) 策略能力——指语言交际者主动引起话题、结束讨论或者坚持己见和修改论点、改变交际意向的能力。(姬建国，1992：95)

而巴克曼(Bachman)(1990)对他们的理论作了进一步的升华，他提出了交际语言能力理论(Communicative Language Ability，简称 CLA)，巴克曼的语言能力由语言组织能力和语用能力组成，而组织能力又包括语法能力(词汇、词法、句法、语音)和语篇能力(词语连接、修辞结构)；语用能力又由语言功能能力(表达功能、控制功能、教诲功能、想象功能)和社会语言能力(对方言或变体的语感、对语域差异的语感、对自然地道语言的语感、对文化含义或比喻的理解能力)组成。巴克曼的交际语言能力理论使交际法有了更加深厚的语言学理论基础。

二、韩礼德的系统功能语言学之意义潜能理论

韩礼德在系统功能语言学中研究了语言的社会功能，他的意义潜势理论是对交际法产生重大影响的另一个核心理论。意义潜势是指“能够通过语言做事情”，表现在语言上就是“能够表达意义”。韩礼德指出，系统并不比结构重要，但是不能将语言学研究局限于“语言”，即结构上，因为运用语言进行有效的交际是人类区别于别的动物的根本特征。为了揭示语言意义产生的社会根源，系统功能语言学将语言的社会性放在最突出的位置。韩礼德把“语言”看成是系统，是“语言行为潜势”，是“选择”；每一个系统就是语言行为中的一套供选择的可能性。因此，这种“语言潜势”为人类共同使用语言进行交际提供了多种可能性，帮助人类根据语言交际的需要进行语义系统的实际选择。

因此，在这种理论指导下的交际法改变了重视语言形式和语言结构的传统，而侧重于语言的社会交际功能，即通过语言做事情、表达意义的功能。交际法将语言视为一个意义表达的系统，其基本单位不再是语言的语法和结构特征，而是语言的功能和交际意义。

4.1.2 交际法的教学原则与教学过程“交际化”

一、交际法教学原则

交际法教学可归纳为三个教学原则：交际性原则、任务原则和意义原则。交际性原则认为涉及真正交际行为的活动能促进语言学习；任务原则指使用语言来进行有意义的活动能促进语言学习；意义原则指对学习者有意义的语言能促进语言学习。按照这些原则，交际法能让学生在真正的交际活动中参与有意义的活动，完成一定的学习任务以达到培养语言交际能力的目的。因此，交际法认为，外语教学活动必须涉及真实的交际内涵，通过有意义的教学内容和活动任务达到培养交际能力的目的。

交际法的三个教学原则可表述为以下具体内容：

(1)将语言意义放在首位；

(2)语境化是教学的基本前提之一；

(3)语言学习目的是学会运用语言进行交际，而学习掌握外国语语言的最佳途径是用所学语言进行交际；

(4)语体变化是教材选编设计的中心概念，只要能够引起学生的兴趣，语言功能、语义都可作为教学内容编排顺序的依据；

(5)使学生积极投入创造性地使用语言的活动中，在不怕失误的体验中获得交际能力；

(6)以语境为尺度衡量语言使用的准确性；

(7)机械训练不作为主要教学手段；

(8)语音到达能被人听懂的水平；

(9)阅读和写作可以从初学开始；

(10)审慎使用母语。(Richards & Rodgers，1986)

二、交际法的教学过程

交际法教学过程模式即传统的 3P 模式，它主要由语言的呈现(Presentation)、练习(Practice)和产出(Production)三个阶段组成。根据交际法的上述特点，还可以把交际法的教学过程总结为两类活动：一类是语言交际活动前的预备性活动，包括对外语结构的练习和具有一定交际性质的练习；另一类是正式的语言交际性活动，包括功能性语言交际活动和社交性语言交流反馈活动。(姬建国，1992：187)

三、交际法的优缺点

交际法将语言看做一个意义表达的系统，其基本单位不仅仅是它的语法和结构特征，而是语言中的功能和交际意义。由于外语教学旨在培养学生的交际能力，培养学生在社会环境中恰当使用该语言的能力，所以对语言功能的理解、交际中意义的传递、语言的使用就成了交际法强调的核心问题。交际外语教学法是外语教学法发展史上的一次重大突破，它反映了人类在语言学研究领域的最新成果。

1. 交际法的优点

(1)它遵循教学中以学生为中心的原则，从学生的需求、兴趣出发进行教学。

(2)交际法的语言呈现顺序是以语言的交际功能为基础，打破了原来按整个语法体系呈现语言的方式，这是一种进步。

(3)它试图将语义与语法、功能与语法联系起来，即把语法与事情如何说、什么时候说、什么地方说联系起来，力求学以致用，学用结合。

交际法遵循外语教学规律，力求教学过程交际化；把语言交际作为全部教学的出发点，把外语教学过程变成语言交际的过程。教学过程交际化使学习语言与运用语言结合起来，它内在地要求创设真实的或者拟真实的社会情景以满足交际活动的需要。

2. 交际法的缺点

(1)如何科学地、系统地统计语言的功能项目，有哪些语言功能项目的标准，作为语言功能的范畴到底有多少，而外语教学又需要多少语言功能范畴，又怎样科学地安排它们的教学顺序。(章兼中，1983：236) 这些问题都没有得到解决。

(2)交际法的三段式教学过程模式缺乏科学的依据，对语言具体形式的准确掌握并不能使学生掌握并自动转化为语言使用能力，因此，交际法教学过程模式带有明显的机械性、教条性特征。

总的来说，交际法不仅改变了人们对语言的认识，而且改变了人们对外语教学主体的认识。它的许多理论和观点如语言结构是为语言功能服务的、语言知识是达到语言运用能力的手段、外语教学的目的是培养交际能力等观点为未来外语教学法的发展提供了新的视角。

4.2 任务型教学法

任务型教学法(Task-based Approach)是在 20 世纪 80 年代交际法广被采纳的历史背景下产生的。意念功能大纲成为当时普遍应用的标准大纲，而传统的 3P 模式则是相当流行的教学模式。任务型教学法正是在批判结构大纲、意念功能大纲以及 3P 教学模式的基础上创立起来的。其理论基础主要有交际法教学理论以及第二语言习得理论等。

4.2.1 任务型教学法的理论基础

一、中介语理论

中介语是指第二语言和外语学习者在学习目的语的过程中产生的既不同于母语，又不同于目的语的一种语言。中介语理论认为，中介语是学习者在学习目的语的过程中出现的正常现象，是学习者的语言系统不断向目的语靠近的过程。在学习目的语的过程中，除了学习者的母语系统和目的语系统，还存在一个中介语系统。这个系统自身具有内在的结构和系统性，并遵循一定的规律不断地发展变化，逐渐与目的语靠近。

中介语的意义在于，它的理论导向实现了从“教学中心”的观点向“学习中心”的观点的根本转变，对外语教学法的发展具有划时代的意义。中介语的发展经历了三个发展阶段，即 20 世纪 60 年代的对比分析阶段、70 年代中介语理论产生阶段和 80 年代的理论模式发展阶段。

对比分析以行为主义心理学为理论基础，研究目的语与母语之间的异同，并用于教学中。其基本假设是：学习者学习语言的困难与目的语和母语之间的差异成正比，差异越大，困难也就越大。对比分析的缺点与行为主义心理学一样，都试图用简单的方法解决复杂的问题，但都忽视了外语教学中学习者的主体性。70 年代中介语开始转向学习者的学习过程，并将学习者特有的语言特点进行研究，即中介语研究，以便考察学习者语言学习的过程。到了 80 年代，中介语研究产生了许多新的理论模式。

二、输入假说、互动假说、输出假说

输入假说由克拉申(Krashen)提出。所谓输入，必须是一种可以理解的输入。就是说，为学习者提供可以理解的语言信息。输入假说重视输入的意义而不是输入的形式，也就是说，学习者可以不一定了解输入的形式，但不能不理解其意义。另外，克拉申认为，可以理解的输入应该稍微高于学习者的现有水平，并且要反复出现，若学习者现有的语言水平为 I，1 代表按自然顺序下次应该学会的语言形式，那么教学中应该提供的输入为 I+1。只有提供丰富的可理解输入，语言的习得才有可能。(Larsen Freeman

& Long，2000：242）

互动假说由朗(Long，1983)提出。朗认为，可理解的语言输入能够产生语言习得，把语言输入变成可理解的输入最重要的途径就是交际双方在会话交互过程中不断相互协同，对可能出现的问题进行交互修正，在交互的过程中引起对语言形式的注意。其基本假设是：当交谈中沟通、理解发生困难时，交谈的双方必须依据对方理解与否的反馈，进行诸如重复、释义、改变语速等语言上的调整，也就是说要进行意义协商，调整的结构能使语言输入变得可以理解，从而促进习得。(魏永红，2004：79)

互动假说为外语教学过程的意义协商、交互影响的重要性提供了理论依据。任务型教学法为了改变课堂信息流向的单向性，通过协商任务解决组织课堂，使教学成为师生、生生互动的过程。

三、建构主义理论

建构主义认为，人的学习和发展是社会合作的活动。这种活动是无法教授的。知识是由学习者个人自己建构的，而不是他人传递的。这种建构发生在与他人交往的环境中，是社会互动的结果。因此，社会建构主义强调学习者从个人自身经验背景出发，建构对客观事物的主观理解和意义，重视学习过程而反对简单传授现成知识，强调人的学习与发展发生在与他人的交往和互动之中。教师是学习者最重要的互动对象，教师要将教学置于有意义的情景中，最理想的情景是所学的知识可以在其中得到运用。

任务型教学所追求的正是语言习得所需要的最理想的状态，即大量的语言输入与输出，以及语言的真实使用，它可以极大地激发学生内在的学习动机。在语言的使用方面，采用各种任务，使学生有机会综合所学语言，在交流中把注意力集中在意义的表达上，从而降低学习心理压力。在完成任务的过程中，学生可以调整自己的学习行为，逐渐产生自主学习的意识。通过完成任务，在真实或者拟真实的情景中创造性地运用语言知识和能力。

4.2.2 任务型教学法的基本原则与教学过程

任务型教学法是指“将任务置于教学法焦点的中心，它视学习过程为一系列直接与课程目标联系并为课程目标服务的任务，其目的超越了为语言而练习语言”（魏永红，2004：84-86），即一种将任务作为核心单位来计划、组织语言教学的途径。纽南(Nunan)(2004)提出了任务型教学法的五条原则：

(1)真实性原则；

(2)形式-功能性原则；

(3)任务相依性原则；

(4)做中学原则；

(5)脚手架原则——给学生足够的关注和支持，让他们在学习时感到成功和安全。

任务型教学过程分任务前阶段、任务环阶段和语言焦点阶段。

任务前阶段包括介绍话题和任务。在这一阶段教师和学生一起探讨话题，着重介绍有用的词汇和短语，帮助学生理解任务指令和准备任务。这个阶段主要为学习者提供有意义的输入，帮助他们熟悉话题、认识新词和短语，其目的在于突出任务主题、激活相关背景知识、减少认知负担。

任务环阶段包括任务、计划和报告。学生以结对子或者小组活动的形式完成任务，教师不直接指导。学生以口语或者书面的形式在全班汇报他们是怎样完成任务的，他们决定了或发现了什么，最后通过小组向全班汇报或者小组之间交换书面报告的形式比较任务的结果。这个阶段为学习者提供了充分的语言表达机会，强调语言的流利性，交谈中语言的使用应该是自然发生的，不要求语言的准确性。

语言焦点阶段包括分析和操练。在这一阶段着重分析课文中出现的语言特点和难点。在分析中或者分析后教师引导学生练习新的词汇、语法并指出语法系统是极其有价值的。这个阶段的目的在于帮助学生探索语言系统知识、观察语言特征并将它们系统化，从而清晰、明了地掌握这些语言规则。

任务型教学的倡导者认为，掌握语言的最佳途径是让学生做事情，即完成各种任务。当学习者积极参与目的语的练习时，语言也被掌握了。学生注意力集中在语言所表达的意义上，努力用自己掌握的语言结构和词汇来表达自己的意思，交换信息。任务型教学追求的是给学生提供大量的、尽可能丰富的内容，让学生明确自己的学习目标，并在交际过程中，合理分配注意力，从而使语言得到持续、平衡的发展。

4.2.3 任务型教学法的优缺点

1. 任务型教学法的优点

任务型教学法是对交际法批判式的继承与发展。交际法采用功能-意念大纲来确定教学内容和目标，而任务型教学法以任务为核心计划、组织教学，制定任务大纲，以任务的完成为教学目标。任务型教学法认为外语学习的实质条件是真实的语言环境、大量的目的语输入和输出机会以及学习者之间的意义协商，而交际法缺乏大量的语言输入和输出机会。任务型教学法采用任务组织教学，为外语学习创造了必要的条件。选择与生活相关的交际任务能够为学习者创造接近自然的语言学习环境，促进完成任务过程中学习者之间的互动、意义协商，并提供大量的语言输入、输出和验证假设的机会，这本身就能够甚至足以推动学习者语言能力的发展。

任务型教学法的重要创新在于提出了形式-功能性原则，即让教师与学习者明确语言的形式与语言的功能之间的关系，因此任务的设计注重语言形式和功能的结合。任务型教学法对语言结构的关注并非期望学生一次性地掌握课堂中出现的语言形式，而是为了让学生对语言结构知识引起相当的注意，形成一定的认识，逐渐整合到发展中的中介语系统中，最终形成语言能力。具体地讲，学生通过完成听、说、读、写等任务，对语言进行积极的认知加工，在感受了语言形式所承载的意义的基础上获得综合语言技能的发展。在教学实践中，教师依据该原则让学生结合特定的语境观察、分析、概括出语言的规则，从而改变教师主要通过讲解、灌输语法的教学方式；同时使学生更加明确自己的学习目标，并在交际的环境中，合理分配注意力，从而使语言得到持续、平衡的发展。

任务型教学法从人的发展角度设计教学任务。任务教学法以任务为分析单位，编制大纲、实施教学，通过任务使语言系统与语境联系起来，把教学的重心从形式转移到意义上来。它可以让学生在使用语言的过程中学会语言，并为学生创设发现学习、探索学习的情景和条件，促进学生的认知能力和智力，从而确立学生在教学中的中心地位。学生通过组织语言、使用语言去寻求答案、解决问题、完成任务。语言系统知识的掌握已不是教学的终极目的，它只是发展学生交际能力、解决问题能力的手段。任务型教学法体现了沟通与合作、真实性、关注过程、重视学生主体性参与、学用结合等特点，毋庸置疑，它是外语教学法又一次巨大的进步与创新。

2. 任务型教学法的缺点

任何一个教学法流派都是得失同在，任务教学法也存在着不足以及许多有待解决的问题。首先，任务教学法的理论依据主要是第二语言习得理论，强调语言学习的重点应放在意义上。语言形式虽然也受到一定的关注，但处理语法的方法主要由教师根据主观经验作出判断，是随意且缺乏系统的。其次，任务的选择、分类、分级与排序还存在不少的困难，更谈不上达成共识。

因此，要真正做到系统有序地以任务为中心来开展教学，还得在课程大纲研制、内容的选择、教材编写的层次上下工夫。

4.3 内容型教学法

4.3.1 内容型教学法的理论基础

维果茨基(Vygotsky, Lev. S)的交互理论是内容型教学法(Content-Based Approach)形成的理论基础。维果茨基认为，语言是认知发展的主要媒介，个人通过语言参与社会活动，在运用语言的过程中确立与社会的关系，进而认识世界，发展个人的思维能力。维果茨基将语言看做个人推理的一种方式，他认为随着时间的推移，人类学习语言发展思维的能力并不会逐渐消逝，而是内化成为一种能力，并继续承担个人与社会之间的中介作用；在充分的外在社会条件的推动下，学习语言的能力可以被引导出来。因此，他指出，语言与思维都是在社会情景中获得的，人的思维方式大部分源于外部的社会环境。如果外部环境对语言的发展起到支持性作用，那么语言能力就会得到发展。根据这种认识，维果茨基提出了著名的“最近发展区”理论。“最近发展区”理论与克拉申的可理解性输入中的“I+1”理论非常相似。所不同的是克拉申强调的是语言本身，而维果茨基着重考虑语言学习引起的结果，即人的思想和思维在语言学习过程中发生的变化。换言之，语言学习者和他们在语言认知世界的交互活动中不但可以促成语言的发展，而且能进一步发展人的思维。为了有效刺激“语言习得机制”，我们需要意义，而意义是人类社会交互活动的动态过程，没有任何事物比“交际”更富有意义。因此，“内容”和“意义”是内容型教学法发展的一种动力。

4.3.2 内容型教学法的基本原则

内容型教学法通过运用目的语教学学科内容，把语言系统与内容整合起来进行教学。这种整合观是基于一种对语言教学的认识：只有同时给予两者相同的重视，而不是将两者分离开来，才能促进两方面同时发展。而运用目的语教学学科内容可以较理想地达到整合这两个方面的目的。其基本原则如下：

(1)教学决策建立在内容上。语言课程的设计者和教材的编写者在设计阶段面临的两个问题就是内容(包括哪些项目)的选择和排序(如何排列这些项目)。在传统的教学方法中，不少方法如语法翻译法、听说法，它们通常按照语法的难易程度编写：如一般现在时比其他时态更容易学习，在教材的编写和教学中自然处于优先学习的地位，根据此原则编写的教材和教学把容易学习的内容放在初学阶段。然而，内容型教学法颠覆了传统方法中内容的选择和排序原则，彻底放弃了以语言标准作为教学的出发点，而是把内容作为统率语言选择和排序的基础。

(2)整合听说读写技能。以往的教学法常常以分离的、具体的技能课如语法课、写作课、听说课的形式进行教学。内容型教学方法试图在整合听说读写四项基本技能的同时，将语法和词汇教学包含于一个统一的教学过程之中。由于语言交流的真实情景，以及语言的交互活动涉及多种技能的协同，派生了这项教学原则。同样，内容型语言教学反对在课堂上主张先听说、后写作的教学顺序。它没有固定的、一成不变的技能教学顺序，相反，它可从任何一种技能出发。可以看出，这一原则是第一个原则的引申，是内容决定、影响教学项目的选择和顺序原则的具体表现。

(3)教学的每一个阶段都要求学生积极的、主动的参与。自交际法产生以来，课堂的中心从教师转向学生，“做中学”成为交际语言教学的基本原则之一。任务型教学是交际法发展的分支，它强调学生应在完成任务的过程中进行探索性、发现性的学习。同样，内容型教学也是交际法的分支，重视学生在参与学习的过程中积极主动地学习。主张内容型教学的学者们认为，语言学习应产生于将学生暴露于教师的语言输入中；同时，学习者还可以在与同伴、同学的交往中获得大量的语言信息。因此，在课堂的交互学习、意义协商和信息收集以及意义建构的过程中，学生承担着积极的社会角色。（Lee & Patten，1995）在内容型语言教学中，学习者可以承担多种角色，如接受者、倾听者、计划者、协调者、评价者，等等。与学习者多重身份一样，教师也扮演着多重角色。他们可以是学生的信息源、任务的组织者、学习活动的引导者、控制者和促进者、学生学习活动的评估者，等等。

(4) 学习内容的选择与学生的兴趣、生活和学习目标相关。内容型教学法的内容选择最终决定于学生和教学环境。教学内容通常与具体的教学和教育环境中的教学科目平行进行。因此，在中学阶段，外语教学内容可以来自学生在其他科目如科学、历史、社会科学中学习的内容。同样，在高等教育环境中，学生可以选修“毗邻”语言课。“毗邻课”是两个教师从两个角度教学同一内容，从而达到不同的教学目标的课型。在其他教学环境中，教学内容可以根据学生的职业需要和一般的兴趣特点进行选择。事实上，由于对于哪些内容是学生普遍感兴趣或者直接相关的很难确定，教材的编写者、使用者都很难把握这一条原则。但是，由于每个内容单元的教学时间长，教师有大量的时间和机会把课程内容与学生的兴趣以及他们已经具备的知识结合起来。因此，让学生对所选内容感兴趣是内容型教学理论实现的重要基石。

(5) 选择“真实的”教学内容和任务。内容型教学的核心成分是真实性。它既要求课文内容的真实，又要求任务内容的真实。一首歌谣、一个故事、一段卡通都可以作为真实的教学内容。把这些真实的内容放置于外语教学课堂将改变它们原本的目的，从而服务于语言学习。同样，任务的真实性也是内容型教学的目标，任务必须与一定的文本情景结合，反映真实世界的实际状况。

(6) 对语言结构进行直接学习。内容型教学将学生暴露于真实的语言输入中，目的在于让学生获得运用语言进行交际的能力。文本形式、教师的课堂语言的输入、学生之间的结对子活动以及小组活动都是内容型教学的信息源。但是，内容型教学认为，仅仅通过可理解性输入不是成功的语言学习，对真实文本中出现的语言结构必须采取提高意识的方法进行学习。

4.3.3 内容型教学法的特点

内容型教学法旨在将学生尽可能地暴露于与他们直接相关或者他们感兴趣的内容之中。从这个简单的定义可知，与学生直接相关和他们感兴趣的内容不但包括学生日常生活中会共同面对的问题，而且也包括他们学习的其他科目的内容。事实上，学生学习的学科内容更应该合理地整合于外语教学，以促进学生的思维和语言能力的整体发展。那么，内容型教学法具有哪些主要特征？

(1)首先，内容型外语教学法的主要特点在于对“内容”的强调和利用。“内容”可以满足语言教学多方面的目的。一方面，它为外语课堂教学提供极其丰富的教学情景，教师可以利用这些内容呈现、解释语言的具体特征。另一方面，实验证明，富有挑战性的“内容”是语言习得成功的基础。无论是克拉申的“可理解性输入”理论，还是维果茨基的“最近发展区”理论，都强调综合的、富有挑战性的、略高于学习者当前语言水平的内容输入。因此，把内容输入置于特殊的地位是当前内容型教学法普遍实践或实验的趋势。

(2)其次，内容型的内容教学法的内容选择不以教学课时为基本单位。通常一个单元的内容都会超出单个课时。事实上，内容型语言教学的教学内容单元往往长达几周课时，甚至更长。

4.3.4 内容型教学法的教学模式

目前，内容型教学模式主要有以下两种模式：

1. 主题模式

主题模式通过主题形式来组织教学。这些主题内容主要来自学生学习的其他科目，或者与他们的兴趣和生活密切相关的内容，如小学四年级可以学习关于“友谊”的主题。一个主题通常持续好几节课，甚至几周。主题教学是为了实现教学内容、教学方法的突破，解决外语教学中长期难以解决的矛盾。主题教学模式强调学习语言所表达的意义，但并不忽视对于语言形式的学习。学生通过主题的建构，学习有关社会生活的知识，通过细节环节，学习词、短语、句型和语法知识，从而把意义与形式有机结合起来。

实现教师引导与学生自主学习的统一。教师的职责在于创造学习的语境，并给予正确的引导与示范。教师把以主题为主的认知结构的建构、拓展和深化的任务交给学生，这样就从真正意义上培养了学生的自主性。

实现学生跨文化交际能力的全面发展。在以主题为中心的外语学习中，学生获得了丰富的有关社会、文化和交际方面的知识；在完成围绕主题、话题的交际任务中，学生提高了听、读、写为基础的跨文化交际能力，培养了自身的素质，发展了个性；在自主性的学习中，学生找到了自我价值，实现了自我的超越。外语教学以主题为线索，按主题—话题—细节步骤，使学生逐步建立较为完整的反映主观与客观世界及社会交际需求的知识系统。

2. 附加模式

附加模式是指语言教师和学科内容教师同步教授相同的内容教学，但是他们的教学重点和教学目的不同。语言教师的教学重点在于语言知识，完成语言教学目标；而负责学科内容的教师重点在于学科内容的理解上。例如，一个英语教师和一个心理学教师都以心理学内容进行教学。其中，英语教师将心理学材料作为英语语言课程的内容，其教学目的是为了提高学生的英语使用能力；而心理学教师的教学目标是完成心理学学科内容的教学。(Nunan，2004：204) 因此，在英语教师的课上，学生的主要任务是通过对富有挑战性的内容的理解和吸收，从而较快地理解难度较大的内容，并在语言教师的指导下，快速学会语言。

4.3.5 内容型教学法的优缺点

1. 内容型教学法的优点

(1) 内容型教学法中丰富的学科内容能促进学生智力的发展。迄今为止，交际法是最重视外语教学中语言形式和内容密切结合的方法。但是，由于交际法没有摆脱教学法由来已久的“内容自由”选择的传统，仍然以语言的功能或者意念形式选择内容。这样一来，语言本身既充当内容又是教学的中介，很容易造成课堂内短期的循环现象：即教学的中心一段时间

在内容上，一段时间在一些具体的语言结构上。但是，不同的内容要求不同的思维方式，不同的思维方式需要不同的教学内容。也就是说，不同的语言内容会引起学习者不同认知过程，单一的、以结构为组织原则的教学不能满足学生学习时认知能力发展的需要。因此，多元的、丰富的学科内容成为语言教学的核心，成为发展学生认知能力的一种选择。随着时代的发展，外语教学的目的越来越趋向于使语言教学成为人类发展的重要因素，成为人类思维能力、语言能力发展的条件。沉浸式语言教学的研究表明，在外语/第二语言的学习中，学习者普通认知技能的发展和将学习者暴露于母语中同等重要，获得语言能力(语音、词汇、语法、语义、功能意义)和认知过程(理解、分析、应用、综合、评价)之间存在密不可分的关系。(Cummins & Swain，1986) 问题的关键是，不同的思考方式要求不同类型的语言内容。因此，通过激发学习者对丰富内容的兴趣，从而达到在发展思维的同时促进语言能力的发展。

(2)提高学生的高级学习策略。学生的学习策略也会在思维的发展中得到提高。例如学习推导的策略远比找出同源词难度更高。翻译、重复、惯用语的使用等都是学习者在学习语言早期容易掌握的策略。但是，在内容缺乏的环境中，他们常常被禁锢于狭隘的语言结构知识情景中，很难发展如运用、监控、推导等高级策略。而这些高级策略才是成功学习一门语言的条件。卡明斯(J. Cummins)曾经研究了语言情景和认知难度对语言学习的影响。他发现认知难度大的任务驱使学习者发展不同的思考方式，而且这些任务与情景密切联系。在真实的任务情景中，学生积极参与意义协商，在遇上不理解的信息时，学生会积极提供反馈。在这种情况下，大量的副语言特征和情景信息共同支持语言的发展。此时，语言得到的支持将最大化。当情景和认知难度都降低或减少时，学生对语言意义的理解和成功解释信息的能力只能依靠语言本身的知识，如通过分析句法结构、寻找同源词等。情景丰富的语言学习环境为学生提供大量的语言的、元语言的、超语言的材料，它们在学生进行信息加工的过程中意义重大。母语就是在认知难度和语言情景丰富的环境中习得的。然而，我们的外语教学与母语学习的条件相反，常常处于认知难度和情景缺乏的环境和状态下。因此，其教学效果自然不难想象。

(3)提供大量的支持语言发展的材料，如语言的、元语言的、超语言的情景内容可以大大提高语言的感知力和理解能力，从而加速语言的发展。丰富的内容知识可以培养学生良好的学习策略。低级的策略如翻译、重复、背诵等不足以满足外语思维能力发展的需要。高级的策略才是语言学习的成功条件。另外，对内容的敏感也会提高语言背景图式知识，以及语法、词汇等语言系统知识的认识。思维能力在对这些知识进行处理的同时获得提高。外语教学必须以不同的内容满足人类的多种思维能力发展的需要。内容的多样性在满足人类的思维发展的同时也能促进语言的发展。可见，内容型教学法通过发展那些与语言结构相关的思维技能发展语言。因为内容与认知方式紧密联系，它要求用一系列具体的概念、观点和语法规则去表达。外语教学法改革从内容入手，一方面可以增加认知难度，促进学生思维能力的发展；另一方面使内容成为发展语言的条件，较大程度地符合外语教学从语言的发展走向人类的发展的总体规律。

2. 内容型教学法的缺点

内容型教学法也存在很多的局限性。

(1) 缺乏实施内容型教学法的教材。目前，内容型教学法在欧美国家的实践还处于探索阶段。由于内容型教学法包含的方法模式和内容体系相当庞杂，很难形成较为统一的教材。单从教学模式而言，内容型教学法就有主题模式、附加模式和遮蔽模式，每一种模式对教材、教学程序和教师知识结构的要求都不同；要编写容纳多学科内容，符合不同学科内容的教学规律的教材有很大的困难。

(2) 缺乏胜任内容型教学法的师资力量。内容型教学法使对师资的要求发生了翻天覆地的变化。首先，不同的学科内容自然要求教师也具备相应的知识储备，但事实上，很少有教师可以达到这样的要求。其次，不同的教学模式对教师而言具有很大的挑战，他们不但需要具备良好的外语教学知识和技能，还要和其他学科的教师协调、合作，才能完成教学任务，这需要他们改变一直以来把外语看成同其他学科一样是一门相互独立的学科的思维定势。很显然，内容型教学法对师资的要求远远大于其他教学方法。

总而言之，丰富的学习内容是文化的载体，是语言发展的条件，也是人类思维发展的重要组成部分，因此现代外语教学法要以丰富的学科内容为出发点。为了协调语言内容和意义之间长期存在的冲突，创设新型内容型教学模式不但可以促进人的整体发展，还能彻底改变以往各种教学法流派偏于语言，忽视内容的“两张皮”的做法，改变“为教语言而教学”、“为工具性目的而教学”的教学法定位，从而走向“为人的整体发展而教学”的转变。

本章参考文献：

[1] Bachman, L. F. *Consideration in Language Testing*. Oxford: Oxford University Press, 1990.

[2] Cummins J. & Swain M. *Billigualism and Education*. London: Longman, 1986.

[3] Diane Larsen-Freeman & Long. M. H. *An Introduction to Second Language Acquisition Research*. Beijing: Foreign Language Teaching and Research Press, 2000.

[4] Hymes, D. H. On communicative competence. In: Pride, J. B. & Holmes, J. (eds.). *Sociolinguistics*. Harmondsworth: Penguin, 1972.

[5] Jack Richards & Theodore Rodgers. *Approaches and Methods in Language Teaching*. Cambridge: Cambridge University Press, 1986.

[6] Lee & Van Patten. *Communicative Language Teaching Happen*. New York: McGraw Hill, 1995.

[7] Long, M. Native speaker/Non-native speaker conversation and the negotiation of comprehensible input. *Applied Linguistics*, 1983, 4(2):126-141.

[8] Nunan, D. *Practical English Language Teaching*. Beijing: Higher Education Press, 2004.

[9] Rod Ellis. *The Study of Second Language Acquisition*. Shanghai: Shanghai Education Publishing Press, 2003.

[10] 姬建国. 外语教学法新论. 兰州：兰州大学出版社，1992.

[11] 魏永红. 任务型外语教学研究——认知心理学视角. 上海：华东师范大学出版社，2004.

[12] 章兼中主编. 国外外语教学法主要流派. 上海：华东师范大学出版社，1983.

第5章
认知教学法与辅以语料库的新认知教学法

5.1　认知教学法

虽然由行为主义心理学和结构主义语言结合而成的听说法从其协调性和客观性而言都是相当完美的，但是它只重结构，不管意义，因而陷入了困境，并且很快受到多方力量的质疑而举步维艰。在这种背景下，以认知心理学和乔姆斯基的转换生成语法为理论基础的认知法(Cognitive Approach)开始登上外语教学的历史舞台。

5.1.1　认知教学法的语言学理论

认知这个术语来自心理学。认知心理学家重视感知、理解、逻辑思维等智力活动在获得知识中的积极作用，试图把认知心理学的理论用于外语教学。它是作为听说法的对立面出现的。乔姆斯基的转换生成语法与语言学习“天赋观念论”的提出标志着转换生成语法理论的产生和发展。转换生成语法认为语言是受规则支配的体系，人类具有天生的语言习得机制和语言能力。人类使用语言不是靠机械模仿和记忆，而是通过理解掌握语言规则，举一反三地创造性运用语言的过程，其语言理论核心就是语言的规则系统和儿童的语言习得机制。转换生成语法作为一种理论模式在许多方面与结构主义相对立，因此，建立在转换生成语法理论基础上的认知教学法是与听说法相对立的产物。

乔姆斯基对结构主义理论作了全盘的否定，他反对结构主义认为语言是一种行为，是人类后天经过反复刺激-反应形成的习惯的产物的观点，认为语言是人类先天所具有的能力，是人生下来大脑中就固有的能力，即主张语言学习“天赋观念论”。因此，认知法是在语言学习“天赋观念论”的基础上形成的。

5.1.2 认知教学法的心理学与教育学理论

瑞士著名心理学家皮亚杰(J. Piaget)是认知主义心理学的代表。他认为，掌握知识是一种智力活动，而每一种智力活动都具有一定的认知结构。他提出的认知发生论强调人类活动相互作用的特性；他把人类的活动看成是具有智慧的人类调整个体与自然界关系的行为，而不是简单的外界刺激与反应关系，因为人类无论接受刺激还是对刺激作出反应都受到认知结构的支配。皮亚杰的认知发生论从根本上动摇了行为主义的刺激-反应学习理论。

奥苏伯尔(Ausubel)在《教育心理学：一种认知观》一书中表述了意义学习理论。他认为学生学习的内容是人类积累下来经过反复加工组织，以符号和语言表述出来的科学文化知识。为了找出有效的学习知识的方式，奥苏伯尔根据两种不同的标准把学生的学习分成两类。第一类将学习分为“发现学习”和“接受学习”。发现学习是学生通过自己发现知识而获取知识，并发展探究性思维的一种学习方式；另一种是接受学习，即理解教师呈现的学习内容，并将这些内容组织到自己已有的认知结构中去，以便将来可以运用它或把它再现出来的学习方式。

第二种分类将学习分为“机械学习”和“意义学习”。机械学习，即不加理解，反复背诵的学习，亦即对学习材料进行机械识记，不理解学习内容的学习。意义学习则需具备两个条件：一是学生要具有意义学习的性向，即把新知识与认知结构中原有的适当观念关联起来的意向；二是学习材料对学习具有潜在意义，即学习材料具有逻辑意义，并与学生认知结构中的有关观念相联系。奥苏伯尔认为意义学习比机械学习的功效大得多。在有意义学习中，学习者能够将有潜在意义的材料同自己的认知结构中已有的观念建立联系，与此同时，学习者把自己有效的知识作为理解接收和固定新知识的基础，学习者把学习材料同化到认知结构的相应部分中去，从而获取新的意义。这样，学习者既容易获得知识，而且习得的知识也更容易保持。意义学习通过把新知识与学习者认知结构联系起来，克服了学习者在学习过程中信息加工和储存的机械性。

第一个提出认知法的是心理学家卡鲁尔(J. B. Caroll)。他认为外语的学习就是通过分析理解掌握语音、词汇、语法等语言结构。他的主张与听说法教学原则有所不同，听说法主要通过模仿、反复操练形成习惯，达到掌握结构的目的，而卡鲁尔的认知法强调理解在教学语言结构中的作用，主张在理解的基础上进行操练，而不是机械性操练。

5.1.3　认知教学法的教学原则

认知教学法是一种从学生的认知能力出发，重视学生对语言规则的理解，注重培养全面的听说读写语言能力的外语教学法体系。它以认知心理学、转换生成语法理论、意义学习理论作为其理论基础，在批评总结以往教学法，尤其是听说法的基础上，形成了以下教学原则：

(1)在理解规则的基础上进行操练，强调意义学习。认知法认为语言是受规则支配的创造性活动，人类学习语言的过程，就是掌握规则的过程，借助规则可以听懂从来没有接触过的句子，说出从来没有学过的话。掌握规则的途径，一是发现规则，二是创造性地运用规则。发现规则是基础，但更重要的是培养学生创造性地运用规则的能力。所以，认知法在教学中重视语法规则的理解，在理解规则的基础上进行语言活动。

(2)以学习者为中心。认知法认为在教学中，学习者的内在因素起决定性作用，因此，教学要以学生为中心，最大限度地调动学生的积极性。学生需要把有意义的学习和操练摆在首位，通过认知，理解语言知识和规则学习。

(3)恰当地利用母语。各种语言的语法具有一定的普遍性和共同性，因此，在外语教学中应发挥母语的作用，强调在理解的基础上进行操练，

而不是机械性操练。

(4)全面发展听说读写四项技能。认知法追求的外语教学目标是培养学生实际而全面地运用外语的能力。在学习口语的同时，学习书面语。同时，听说读写四种语言技能应该从开始学习外语起，就同时进行训练。

(5)对错误进行分析后加以纠正。认知法将语言的学习看做按“假设—验证—纠正”的过程。在这个过程中，学生出现错误在所难免，教师要对学生的错误进行分析，了解学生产生错误的原因，有针对性地进行纠正，逐步培养学生正确运用语言的能力。

5.1.4 认知教学法的教学过程

认知教学法把外语教学过程分为三个阶段：语言理解阶段、培养语言能力阶段、语言运用阶段。

(1)语言理解阶段。认知法强调理解是语言活动的基础。理解指学生理解教师教授或者所学语言材料和语言规则的意义、构成和用法。任何语言的学习活动都应该建立在理解的基础上，如句型的操练、听说读写各项能力的培养等。理解是外语学习的第一个阶段。应该注意的是，语言规则的理解并非依赖教师的讲解，而是在教师指导下让学生自己主动发现语言规则。

(2)培养语言能力阶段。认知教学法认为外语的学习不仅需要掌握语言知识和结构，还要提高正确使用语言的能力。外语语言能力的培养要通过有意识、有组织的练习获得。这个阶段教师既要检查学生对语言知识的理解情况，又要培养学生运用语言知识的能力。

(3)语言运用阶段。这个阶段的教学任务是培养学生运用语言知识、进行听说读写的能力，尤其是学生的实际交际能力。这个阶段将前两个阶段学得的语言知识内容与实际运用能力结合起来，目的在于使学生听、说、读、写等各个方面的能力都得到全面发展。

5.1.5 认知教学法的优缺点

1. 认知教学法的优点

认知教学法是语法翻译法的现代形式。认知教学法继承了语法翻译法的一些基本原则，认为语言是受规则支配的系统，人们学习外语就是要学习这个规则系统；母语对外语的学习起到促进作用，要加以合理的运用。它与语法翻译法所不同的是：它认为语言活动是一种规则支配的创造性活动，只有在理解语言规则的基础上，有意义地学习外语，才能有效学习语言规则；外语的学习既要学习口语，又要学习书面语，同时重视听、说、读、写四项技能的培养；对于学生的错误，要首先进行分析，然后针对性地进行纠正，不是有错必纠。它从学习者的角度出发，强调学生的积极性与创造性，主张从主动的理解语言教学活动和有意义地学习语言知识入手，解放学生学习语言知识的活力，从而促进学生语言能力的全面发展。

认知教学法直接继承乔姆斯基从语法知识的角度抽象地解释人的语言能力，认为语言能力就是语法规则在人身上的"内在化"体现，因而能制造出符合规则的正确词句。从语言使用者的大脑机制内部探究语言的工作机制，从而寻找适用于所有人类语言的普遍语法，并以形式主义的研究方法(逻辑符号记录语法)，理解和生成句子。

2. 认知教学法的缺点

认知教学法的不足在于它是建立在认知学习理论的基础之上的，而这些理论基础尚处在形成和初步的探索阶段，因此对于这些理论在外语教学实践中的作用仍然有待于摸索、发展和完善，不可能一夜之间就成熟起来。另外，认知法始终太过于关注语言结构，忽视语言的交际、意义与语言的实际运用。

5.2 辅以语料库的新认知教学法

随着认知语言学与语料库语言学研究的深入与发展，越来越多的教育实践者把认知语言学与语料库语言学的研究成果用于教学实践中，以期提

高外语教学质量。于是，一种新的教学法模式逐渐形成，这就是辅以语料库的新认知教学法(New Cognitive Approach Assisted by Corpora)。之所以把该教学法命名为辅以语料库的新认知教学法，主要理由有：其一是它的很多语料来自真实的语料库，不像原认知法和其他教学法，它们的语料很多是由内省法获得的。其二是该教学法的主要语言学理论——认知语言学有别于原认知教学法的语言学理论——转换生成语言学(从广义上说该语言学理论也是从人的认知方面来解释语言的，但是它认为语言是人类先天所具有的能力，是人生下来大脑中就固有的能力，即主张语言学习“天赋观念论”)。

5.2.1　辅以语料库的新认知教学法的语言学基础

一、认知语言学

20世纪80年代以来，在语言学界出现的认知语言学对乔姆斯基的转换生成语言学理论进行了批评。认知语言学在强调认知的同时主要强调了语言的“体验性”、认知主体的想象力，它坚决批评语言天赋说(这是转换生成的核心思想)，坚持从体验性认知的角度来解释语言，将语言视为人类整个认知能力的一部分，认为语言不是人类大脑中独立的认知系统。以真值条件为基础的形式逻辑不能涵盖语言表达的所有意义，所以以此来描写语义是不够的，语义描写必须参照开放的、无限的知识系统。语言意义都是开放式的(Open-ended)，在范围上是百科全书式的；意义要依赖语境及世界的百科知识来理解。因此，语言的意义不是自足的或界限分明的。意义建立在概念化之上，建立在我们的世界知识之上，语言知识和世界知识没有明确的分界线。

目前已有许多人把该理论用于外语教学中，从而促进了辅以语料库的新认知教学法的形成。因此认知语言学理论是辅以语料库的新认知教学法的语言学理论之一。

二、语料库语言学

20世纪90年代以来，语言教学掀起了一股运用语料库的热潮。语料库语言学也成为辅以语料库的新认知教学法的语言学理论之一。

利奇(Leech)(1997)首先提出了用语料库来教学的思想。一旦学生掌握了必备的语料库知识和技巧，语言学习活动的中心将是学习者。“用语料库来教学”意味着采用基于语料库的方法来教授与语言或语言学学科相关的课程，使学习者从所谓的“数据驱动学习”(Data-Driven Learning，简称 DDL)中获益。就基于语料库的语言教学而言，传统的 3P 教学模式(即 Presentation，Practice，Production)并不合适，而具有探索性的 3I 模式(即 Illustration，Interaction，Induction)更为适用。Illustration 指学习者观察真实语料；Interaction 指学习者讨论并分享在语料中的发现；Induction 则指学习者针对某个语言点归纳出自己的规则，而这样得出的规则在随后更多语料的基础上逐步加以完善。为适应不同层面的学习需求，数据驱动学习可以由教师指导，也可由学生主导，但总的来说，数据驱动学习必须以学习者为中心。这种自主式学习过程“让学生作为一个研究者，期待在语言学习中有独到的发现，从而做出个人应有的贡献”(转引自肖忠华，2010)。

5.2.2　辅以语料库的新认知教学法的心理学理论

王苏认为从严格意义上来说，认知心理学指的是以信息加工观点为特征的心理学，即信息加工心理学(王苏，1992：1)。在外语习得过程中，信息的输入遵循逐步加工的过程。输入的信息并不全部被学习者所感知(Noticed)，被感知的信息也并不全部被理解(Comprehended)。即使是学习者理解了的信息，也并不一定能通过记忆等过程真正融合(Intake)，成为隐性知识(Implicit Knowledge)，即学习者的中介语系统的一部分。在融合的过程中，还形成了一种显性的知识(Explicit Knowledge)，即学习者对目的语的规则系统的了解。这种显性的知识在整个学习过程中起着监控的作用。因此在外语知识的习得过程中，信息加工的关键步骤是知觉、理解、融合(以不同类型的记忆为主)。

一、知识经验

认知心理学认为，知觉与人的知识经验是分不开的，并因此具有间接的性质。Warren 等(1970)做了一个音素恢复的实验：给 20 名被试听下述句子“The state governors met with their respective legi*latures convening in capital city”，其中星形表示该处字母(s)被一个持续120ms(毫秒)的纯音取代。在全部被试中间，只有一个人听到该纯音，但不能正确指出它的位置，而其他被试都没有发现字母(s)的缺失。后来他们将这个实验加以扩充，让不同的被试分别听一个不同的句子。所听的句子如下：

It was found that the *eel was on the axle.

It was found that the *eel was on the shoe.

It was found that the *eel was on the orange.

It was found that the *eal was on the table.

在每个句子中，星形仍表示某个字母的缺失。结果发现，听第一个句子的被试倾向于将缺失一个字母(即*eel)的词听成wheel，听第二个句子的被试则会听成heel，听第三个句子和第四个句子的被试会分别听成peel和meal。这些实验结果表明，人在知觉一个句子时，可以依据上下文和对整个句子的理解，而把一个词所缺失的字母(音素)恢复起来；上下文不同，所恢复的音素也不同。这种音素恢复现象是已贮存的知识作用的结果，依赖于现实刺激的信息和已贮存的信息的相互作用(转引自王苏，1992：31-32)。

二、知觉加工

认知心理学认识到，要产生知觉，不仅需要现实刺激，也需要过去的知识经验，因此它认为知觉过程包含相互联系的两种加工：自下而上(Bottom—Up)加工和自上而下(Top—Down)加工。自下而上加工指由外部刺激开始的加工，通常指先对较小的知觉单元进行分析，然后再转向较大的知觉单元，经过一系列连续阶段的加工而达到对感觉刺激的解释。例如，看一个英文单词时，视觉系统先确认构成诸字母的各个特征如垂直线、水平线、斜线等，然后将这些特征加以结合来确认一个字母，然后再结合字母最后形成单词。信息流程是从构成知觉基础较小的知觉单元到较大的知觉单元，或者说从较低水平的加工到较高水平的加工，因此这种类型的加工被称为自下而上加工。与此相反，自上而下加工是由有关知觉对象的一般知识开始的加工。由此可以形成期望或产生对知觉对象的假设。这种期望或假设制约着加工的所有阶段或水平，从调整特征觉察器到引导对细节的注意等。自上而下加工常体现于上下文效应中。如前面所提到的音素恢复实验所表明的那样，字词的上下文迫使对缺失一个字母的字词作出相应的解释。由于是一般知识引导知识加工，较高水平的加工制约较低水平的加工，这种类型的加工因而称为自上而下加工。自下而上加工和自上而下加工是两种方向不同的加工，两者结合形成统一的知觉过程。如果没有刺激的作用，那么单靠自上而下的加工则只能产生幻觉。但是，只有自下而上加工也是不够的。因为在没有自上而下加工的情况下，自下而上加工所要负担的工作必将太重，甚至可以说是无法承担的；同时人接受外界信息的速度也是较慢的，据 Gregory(1970)推算，人的视觉系统接收外界信息的极限大约是每秒 12 比特；此外，单是自下而上加工也难于应付一些刺激所具有的双关性质或不确定性。这些困难只有在自上而下加工的参与下，才能克服。

然而如果从加工方式的角度解释，意义还不止如此。研究还表明，在不同的情况下，知觉过程对这两种加工会有不同的侧重。Eysenck(1984)指出，在良好的知觉条件下，知觉主要是自下而上的加工，而随着条件的恶化，自上而下加工的参与也将逐渐增多。对于该问题，Tulving，Mandler 和 Baumal(1964)的实验结果是有意义的。他们在字词识别实验中，通过改变刺激呈现时间来研究自下而上加工，而通过改变作为上下文的字词的数目来研究自上而下加工。他们应用的刺激材料为一些句子，每个句子的最后一个词为要识别的靶子词，在这之前的字词即为上下文。实验时先给被试呈现 4 个或 8 个上下文的字词，然后再呈现靶子词，或者径直呈现靶子词，而不呈现任何上下文。靶子词呈现的时间从 0 到 140ms，梯度为 20ms。结果表明，无论呈现时间如何，有上下文的靶子词的识别情况都要优于无上下文的；而且，在呈现时间较短的情况下，这种优势最为明显，而随着呈现时间的延长，这种优势就逐渐减弱了。因此可以得出结论，在知觉条件良好的情况下，自下而上加工占的比重较大，而随着条件恶化，自上而下加工起的作用越来越大。(转引自王苏，1992：39-40)

因此，外语教学中目的语信息的输入，对于所接触的一切都是新鲜事物的学习者来说，始终处在一种认知条件比较差的情况下。这就使得如何突显已有的知识，如何充分利用自上而下的加工，具有更重要的意义。

三、理解

“理解”实际上是一个复合的心理过程。认知心理学著作一般不专列章节对它进行讨论，而是运用知觉、注意、记忆等重点领域的研究成果来解释它。把认知心理学在那些领域的主张结合在一起，就逐渐形成了其特有的理解观。它把理解看做意义的获得，但是和以前人们认为意义是外界刺激所带来的天然物不同，它认为意义是由外界刺激和理解者的头脑进行互动之后，所产生的“呈现物”(Emergent Property)。在意义的形成过程中，自下而上加工和自上而下加工同时起作用，当人们对刺激作出自己的解读时，意义就形成了，因此，每个人对同一刺激所构建的意义，都是有所不同的。这种观点实际上强调了理解者具有能动性的头脑(自上而下)和特定的外部刺激(自下而上)的动态交互(Leahey & Harris，2001)。

目前关于理解，最具影响力的学说是由J. R. Anderson提出的ACT(自适应思维)模型，其最新的版本称为ACT-R(Anderson，1996)。该模式是一套非常宽泛的理论，Anderson认为，“所谓智力是由无数个小的知识单位，通过简单的增加和协调，从而形成复杂认知的过程”。ACT模型包括三大组成部分，一是工作记忆，这跟以往认知心理学的研究并无二致；二是陈述性记忆(Declarative Memory)，包括：情景记忆——研究中称为“特征节点(Token Nodes)”，指特定的事件；以及语义记忆——研究中称为“类型节点(Type Nodes)”，指普通概念。这个由节点构成的网络通过各种关联联结起来，只要激活就可以进入。

该模型的第三大组成部分最具原创性，称为“生产性记忆(Production Memory)”，指程序性知识的长期贮存。这里呈现的单位是“能产(Production)”为一套“条件-结果(IF-THEN)”的配对集。这种记忆的实际运算过程，是比照工作记忆中的IF条件和生产性记忆中的IF条件，如果两者匹配的话，则执行THEN操作。为了能应用于新出现的情况，“能产”会不断进行自我调整，有时为了同一组“能产”匹配，会导致错误的发生，而结果就是修正这组“能产”，使之适应新情况。常常会同时运用一系列的“能产”，从而形成一个单一的过程，如骑自行车、穿鞋。这样，最初陈述性的知识会自动被能产(程序性知识)替代，并直接指导行为。这一系列的“能产”就不再需要意识的参与。

Anderson 这套理论的价值在于提出了为大多数理论所忽视的现象——在学习过程中，陈述性知识通过反复练习，向程序性知识的转变。而在这种转变里面，“能产”具有核心的地位。然而外语习得研究更关心的是目的语知识的存储、提取，理解可能只是这个过程中的一个条件。

四、记忆结构

人类通过知觉从外界获得信息，再在记忆中贮存下来。由此，人类得以积累知识并在后来加以运用。这些贮存的信息对于知觉本身也是十分重要的。记忆在人类的整个心理活动中处于突出的地位。记忆将人类心理活动的过去、现在和未来联成一个整体，使心理发展、知识积累和个性形成得以实现。（王苏，1992：103）因此，对于外语学习来说，记忆的研究也具有格外重要的地位。

记忆的研究从 19 世纪末德国学者 Ebbinghaus 起便受到重视，但在 20 世纪 50 年代之前，人们只研究一种记忆，也就是现在所说的“长时记忆（Long-term Memory）”。但随着认知心理学的兴起，人们越来越意识到，那种只容纳有限的几个项目并很短暂的记忆——“短时记忆（Short-term Memory）”，在信息的容量、编码、保持和作用等许多方面都与长时记忆不同。由此，形成了“两种记忆说”，它认为短时记忆和长时记忆是两种不同的记忆，它们彼此独立而又相互联系，形成一个统一的记忆系统。长时记忆是一个个信息库，可以长期贮存大量信息，因而又称永久记忆。外部信息经过感觉通道先进入短时记忆。它是信息进入长时记忆前一个容量有限的缓冲器和加工器。容量以内的信息在短时记忆中可短暂地保持，利用默默地重复即复述（rehearsal）可避免迅速遗忘。在没有复述的条件下，信息在短时记忆中可短暂保持（约 15—30s），但只要复述在进行，信息即可随着复述而一直保持，并且还可通过复述进入长时记忆。

在两种记忆说的影响下，后来人们又提出了“工作记忆（Working Memory）”的概念。实质上它还是指短时记忆，但它强调短时记忆与所从事的工作的联系。由于工作的需要，短时记忆的内容会不断变化并表现出一定的系统性。短时记忆随时间而形成的一个连续系统就是工作记忆或活动记忆。由于这种特性，在语言习得研究中常常涉及工作记忆。

随着两种记忆说研究的深入，人们又意识到，除了以小时、日、年计

的长时记忆和以秒计的短时记忆之外，还存在着一种比短时记忆更为短暂，以毫秒(ms)计的感觉信息。当外部刺激直接作用于感觉器官，感觉器官产生感觉后，虽然刺激的作用停止，但感觉仍可以维持极短的片刻。感觉滞留表明感觉信息的瞬间贮存。这种记忆被称为感觉记忆(Sensory Memory)，它也为很多实验研究所证实。当感觉记忆被提出并得到确认后，两种记忆说迅速将感觉记忆吸收进来，把它看做记忆系统的开始阶段或记忆结构。这样，一个完整的记忆系统不仅包含短时记忆和长时记忆，而且还包含感觉记忆，即变成“感觉记忆—短时记忆—长时记忆”。由此出现记忆信息三级加工模型，两种记忆说也就发展为多贮存说。吸收感觉记忆并没有改变两种记忆说的实质，而是使它变得更加完善。记忆信息三级加工模型在心理学中得到广泛流传，逐渐占了主导地位。

Atkinson 和 Shiffrin 最早在 1968 年就提出了记忆信息三级加工模型，又在 1969 年对其进行了扩展，首次提出长时记忆是一种“自寻址记忆”，即信息所在的位置是按信息的内容来确定的。这样的组织类似图书馆的书架排列。这一模型在心理学界产生了深刻的影响，后来人们将他们的模型加以简化，得到一个节略的或典型的记忆信息三级加工模型，这就是目前认知心理学中最流行的关于记忆结构的图示。不仅如此，由于它包含了从感觉记忆到长时记忆的完整过程，也可把它看做信息加工流程图；用它来解释语言学习过程的记忆，自然也比较合适。

这套模型认为信息从短时记忆转入长时记忆是通过复述实现的。但是后来发现，应用复述即机械地默默地复诵识记项目并不足以使短时记忆信息转入长时记忆。新的观点认为，复述分为两种：简单的复述和精细的复述。简单的复述即机械复述，又称保持性复述，它有助于项目在短时记忆中保持。精细的复述是将要复述的材料加以组织，将它与其他信息联系起来，在更深的层次上进行加工，这种复述又称整合性复述。现在多认为，信息不是靠简单的复述，而是靠精细的复述才能从短时记忆转入长时记忆。(王苏，1992：128)

记忆信息的三级加工模型是目前的主流理论，还有一种与三级模型(或“两种记忆说”)对立的理论——“加工水平说”同样有着较大影响力。

“加工水平说”是由 Craik & Lockhart(1972)最早提出来的。这一学说反对将记忆区分为短时记忆和长时记忆，认为作用于人的刺激都要经受一系列不同水平的分析，从表浅的感觉分析开始，到较深、较复杂的、抽象的和语义的分析。这种加工系列体现出不同的加工深度。加工的深度愈深，则有愈多的认知加工和语义加工。一个词得到识别后，还可以与其他词建立联想，并与有关的表象和故事联系起来。一个刺激的加工深度依赖于一些因素，如刺激的性质、可用于加工的时间和加工的任务等。尤为重要的一点是，加工水平说认为，记忆痕迹是信息加工的副产品，痕迹的持久性是加工深度的直接函数。那些受到深入分析、参与精细的联想和表象的信息能产生较强的记忆痕迹，并持续较长的一段时间；而那些只受到表浅分析的信息则只能产生较弱的记忆痕迹，并持续较短的时间。这样，加工水平说就从信息加工的操作出发，用不同的加工水平来取代不同的记忆结构，提出了与多贮存说相对立的观点。

关于复述，加工水平说的研究否认了简单复述能使信息进入长时记忆，认为只有对项目进行精细复述，即深层加工才能使信息进入长时记忆。而且，语言信息的记忆水平不仅取决于其本身的加工水平，还要看有没有适宜的上下文。上下文愈丰富，对于项目的加工就愈精细，就愈不容易与其他项目混淆。如果没有这样的上下文，即使涉及项目的意义，记忆效果也不会提高。

1. 短时记忆

语言习得研究和心理学关于短时记忆的研究，最著名的交集就是关于短时记忆“7±2”的有限容量。从 20 世纪 50 年代开始，许多心理学家就开始应用字母、音节、字词等各种不同的材料进行类似的实验，所得的结果是一致的，即短时记忆的容量约为“7±2”。1956 年，美国心理学家 G A. Miller 发表了一篇著名论文，题为“神奇数 7 加减 2：我们加工信息的能力的某些限制”明确提出短时记忆容量为“7±2”，即一般认为 7 并可在 5—9 之间波动。

2. 长时记忆

短时记忆中的信息通过复述或精细复述进入长时记忆，记忆系统加工的信息归根到底要在长时记忆中贮存。对于语言的学习者而言，长时记忆贮存着关于目的语的一切知识，目的语的运用最终离不开长时记忆中的信息。短时记忆直接与从感觉系统输入的当前信息打交道，长时记忆则将现在的信息保存下来供将来使用，或将过去贮存的信息用于现在。它把人类活动的过去、现在和未来连成一个整体，因此在语言学习中，也占据着特别重要的地位。

认知心理学对长时记忆的研究有两个鲜明的特点。第一，它不再将长时记忆看做单一的记忆，而是采取分析的方法，认为长时记忆可分为不同的类型或系统，如情景记忆和语义记忆。第二，它着眼于长时记忆的内部加工过程，重视信息的内部表征和组织，而不局限于研究各种外部因素的作用。近 20 年来，长时记忆研究的主导方向就是针对语义记忆，提出了各种各样的内部结构模型。

将长时记忆分为情景记忆和语义记忆，最早是由 Tulving & Donaldson 在 1972 年主编的《记忆的组织》（*Organization of Memory*）一书中提出的。简言之，情景记忆是指个人在一定时间内对发生的事件的记忆。我们亲身经历的种种事情的记忆，都是情景记忆，它保持的信息总与个人生活中特定的时间或地点相联系，具有自传体的性质。语义记忆与此不同，它是对语词、概念、规则和定律等抽象事物的记忆，如对语词的意义、语法规则、化学公式、物理定律、乘法规则以及各种科学概念的记忆。语义记忆所贮存的事物不依赖于个人所处的某个特定时间或地点，具有抽象和概括性的特征。语义记忆包含事物的意义，贮存着我们运用语言所需要的信息。（转引自王苏，1992：171-173）

显然，在语言习得的研究中，对于语义记忆的研究更有价值。自 Tulving 的上述著作发表后，提出了不少长时记忆研究的主导方向——语义记忆的模型。下面我们分别简述其中几个模型。

(1) 层次网络模型。层次网络模型（Hierarchical Network Model）是 Collins & Quillian（1969）针对语言理解的计算机模型提出的一个语义记忆和表征模型。这个模型的基本单元是概念，表示为“节点（nodes）”。每个概念都有各自不同的特点。覆盖性最强的概念处于模型的顶部，同等级别的概念处于该网络的同一层面上，在模型的底部则为具体的下层的概念。这样就构成了一个层次分明的、有节点连接起来表示概念之间关系的分层网络。层次网络模型具有如下特点：a. 分层和连接是分层网络模型中的重要因素。b. 底层概念之间的区分清晰。对于底层的具体的、语义容易混淆的节点用各自鲜明的、易于区分的特征表明。c. 模型从整体上强调认知经济性。上层的节点包含了下一层次上不同节点的共同概念特征，下一层次中的节点则各具有自身的特点，如图 5-1 所示。

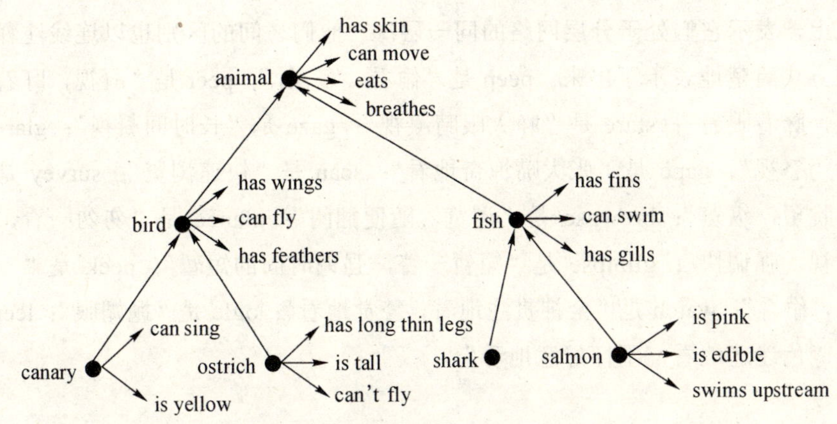

图 5-1　层次网络模型图(Collins & Quillian，1969)

图中圆点为结点，代表一个概念；带箭头的连线表示概念之间的从属关系。例如，“鸟”这个概念的上级概念为“动物”，其下级概念为“金丝雀”和“鸵鸟”。连线还表示概念与特征的关系，指明各级概念分别具有的特征，如“鸟”所具有的特征是“有翅膀”、“能飞”、“有羽毛”。连线把代表各级概念的结点联系起来，并将概念与特征联系起来，构成一个复杂的层次网络。连线在这个网络中实际上是具有一定意义的联想。层次网络模型对概念的特征相应地实行分级贮存。在每一级概念的水平上，只贮存该级概念独有的特征，而同一级的各概念所具有的共同特征则贮存于上一级概念的水平上。如与“金丝雀”一起贮存的是它与其他“鸟”区别开来的“会唱”、“黄颜色”这些特征，“金丝雀”和所有其他“鸟”所具有的共同特征(“有翅膀”、“有羽毛”、“能飞”)则贮存于上级“鸟”的概念中，而不与“金丝雀”或其他任何一种“鸟”一起贮存。“金丝雀”水平虽不贮存“鸟”的那些特征，但有连线与之相通，仍可得到“鸟”的特征。由于上级概念的特征只出现一次，无须在其所有的下属概念中再贮存。这样的分级贮存有利于节省贮存空间，体现出“认知经济”的原则。

张晓东(2003)把该模型用于词汇教学。他认为表示“看”这个动作的感官动词很多，因为意义相近，所以难以区分。他用下面这个分层网络示意图来解释 look 的近义词。如图 5-2，他把这个分层网络示意图以放射的形式把look的近义词peep，peer，stare，gaze，glare，gape，scan，survey，browse，glance，glimpse，peek，behold，watch，ogle，leer置于同一圆周之上，表示它们处于分层网络的同一层次。他们之间的区别也以连线注释的方式清楚地表示了出来。peep是“偷看，窥视，”；peer是“凝视，盯着看，眯着眼看”；stare是“睁大眼睛凝视”；gaze是“长时间凝视”；glare是“怒视”；gape是“张大嘴惊奇地看”；scan是“快速浏览”；survey是“眺望，纵览”；brownse是“浏览，随便翻阅”；glance是“匆匆一看，瞥视，强调快”；glimpse是“短暂一瞥，强调时间的短暂”；peek是“一瞥，偷看”；watch是“全神贯注地看，警觉地看”；ogle是“抛媚眼”；leer是“色迷迷地看，不怀好意地看”。

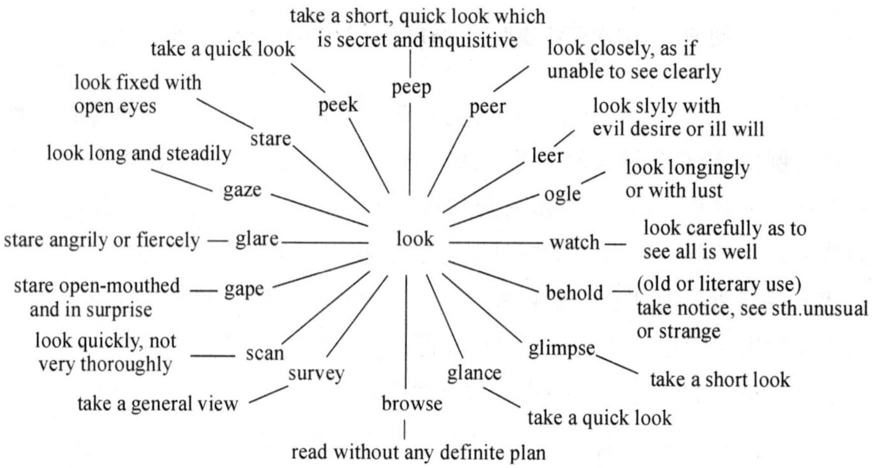

图5-2 表示“看”的感官动词的层次网络示意图(引自张晓东，2003)

(2)激活扩散模型。层次网络模型的核心是概念按逻辑的上下级关系组成网络。这使它具有简洁的特色，但也带来一些明显的缺点。比如，层次网络模型涉及的概念间联系的种类是极少的。概念之间除垂直方向的上下级关系外，还有许多横向联系，其数量远远超过垂直的联系。在层次网络模型中，主要的连线为“是一种”、“有”、“会”等性质关系，没有涉及其他种类的关系。这不可避免地给这种模型带来了很大的局限性。为了对它进行改进，Collins 和 Loftus(1975)又提出了激活扩散模型(Spreading Activation Model)。它也是一个网络模型，但与层次网络模型不同，它放弃了概念的层次结构，而是利用语义联系或语义象似性将概念组织起来。

在激活扩散模型中，一个概念的意义或内涵也是由与它相联系的其他概念，特别是联系紧密的概念来确定的，但概念特征不一定要分级贮存。层次网络模型的逻辑层次结构和分级贮存是密不可分的。激活扩散模型放弃了逻辑层次结构，必然也要放弃分级贮存原则。实际上，激活扩散模型是层次网络模型的修正。它因而比层次网络模型更加全面和灵活。层次网络模型带有严格的逻辑性质，那么激活扩散模型则更适合于个人。它具有更多的弹性，可容纳更多的不确定性和模糊性，是“人化了的”层次网络模型。

激活扩散模型用语义联系取代了层次结构，因而比层次网络模型更全面、更灵活。激活扩散模型要比层次网络模型更能够说明词汇知识的存储、组织和表征。在层次网络模型中，词汇知识的存储与组织依赖于词汇语义之间的内包性(Inclusiveness)，具有层次性。而激活扩散模型反映了不同概念以及它们之间的紧密程度、连接的不同强度，以及他们会引起激活并扩散到其他相关概念的过程。

图 5-3 是激活扩散模型举例。

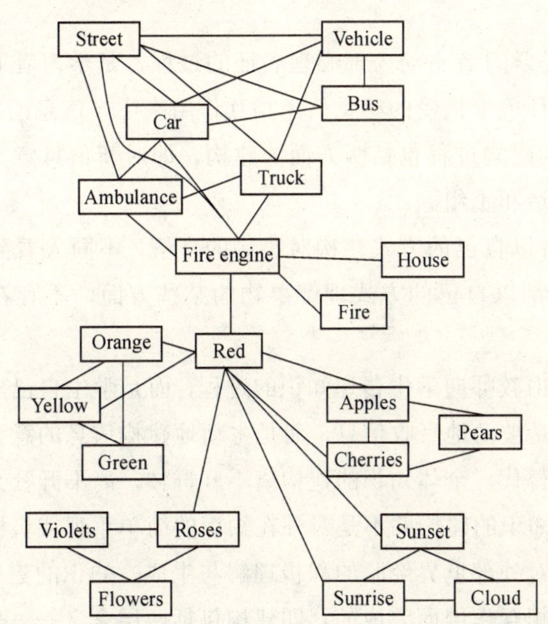

图 5-3　激活扩散模型举例(Collins & Loftus, 1975)

图 5-3 是一个由 Red(红色的)一词而引起的激活并扩散到其他相关概念的例子。Red 激活了 Fire(火)、Fire engine(救火车)、Apples(苹果)、Roses(玫瑰)、Cherries(樱桃)、Orange(橙色)等概念。Fire engine(救火车)又激活了 House(房屋)、Truck(卡车)、Ambulance(急救车)等概念。可以看出，人的语义记忆是按照不同强度的语义组成的网络，听到一个词会激活网络中临近的词，Vehicle(机动车)可以激活 Bus，Car，Truck 等，各种机动车通过其共同特征而紧密联系起来。但一些红色的东西，如 Fire engine，Apples，Cherries，Sunset，Roses 等虽然有一个共同的特征——红色，但并不是紧密联系在一起的。和层次网络一样，概念用节点来表示，用连线将相关概念联系在一起，连线的长短表示联系的紧密程度。所不同的是，它的结构并不严格按照层次来建立概念间的联系，而表现为一个更为复杂的概念和概念关系网。

5.2.3 辅以语料库的新认知教学法的语言学习观

建构主义理论是该教学法的语言学习观。建构主义理论认为(张大均，2004：70-72)：

(1)学习是学习者主动内部心理表征的过程，是学习者通过原有的认知结构，与从环境中接受的感觉信息相互作用来生产信息的意义的过程。

(2)学习的建构过程包括两方面的建构，即对新信息意义的建构和对原有经验的改造和重组。

(3)学习者以自己的方式建构对事物的理解，不同人看到事物的不同方面，每个人都以自己的方式理解事物的某些方面，不存在唯一的理解标准。

学习不是由教师向学生传递知识的过程，而是学生自己建构知识的过程；学习者不是被动地吸收信息，而是主动地建构信息的意义，这种建构不可能由他人替代。个体知识的建构离不开群体，离不开社会，是主体对客体的认知。知识的建构并不是对外在知识的简单重视或机械获得，而是认知主体内部对外部世界经验的积极理解与生成。知识的建构是通过新、旧知识经验的相互作用而完成的，即建构包括两层含义——既要依赖原有知识对新的知识进行解码、处理，从而获得新的知识，又要在新的输入基础上对原有的知识进行重组。因此，学习过程并不仅仅是信息的输入、存储和提取，而是新旧经验之间双向的相互作用的过程，所以学生是自己知识的建构者，要基于自己与世界相互作用的独特经验去建构自己的知识并赋予经验以意义。

综上所述，我们把辅以语料库的新认知教学法定义为：用认知语言学理论来解释来自语料库的真实语料的语言现象，结合认知心理学与建构主义学习观来进行语言教学，以期发展学习者整体认知能力，培养学习者语言能力的一种教学法。

5.2.4　辅以语料库的新认知教学法的教学原则

(1) 把发展学习者整体认知能力、培养语言能力放在教学目标的首位。语言能力是人的认知能力的一部分。所谓语言能力，就是内化了的语言知识体系。它主张通过有意识、有组织的练习使学生把学到的最初陈述性的知识变成程序性知识，最终获得正确使用语言的能力。

(2) 以学生为中心，重视开发学生的智力，发展学生的思维能力，采用“数据驱动学习”(DDL)进行探索性学习，激发学生的学习兴趣从而充分调动学生的学习积极性和主动性。

(3) 提倡归纳法的教学原则。采用 3I 的教学过程，即先让学习者观察真实语料；再让学习者讨论并分享在语料中的发现；最后让学习者针对某个语言点归纳出自己的规则。并在随后观察更多语料的基础上逐步加以完善自己得出的规则。

(4) 主张听说读写齐头并进，全面发展。在教学中，主张语音与文字结合，口笔语相互促进。各种感觉器官综合运用，以求收到最佳效果。

(5) 以目的语教学为主，适当地使用学生的本族语。

本章参考文献：

[1] Anderson, J. R. ACT: A simple theory of complex cognition. *American Psychologist*, 1996, (51): 355-363.

[2] Atkinson, R. C. & Shiffrin, R. M. Human memory: A Proposed system and its control processes. In: K. W. Spence & J. T. Spence (eds.). *The*

Psychology of Learning and Motivation: Advances in Research and Theory. Vol. 2. New York: Academic Press, 1968.

[3] Collins, A. M. & Loftus, E. F. A spreading activation theory of semantic Processing. *Psychological Review*, 1975, 82(6): 407-428.

[4] Collins. A. M. & Quillian, M. R. Retrieval time from semantic memory. *Journal of Verbal Learning and Verbal Behavior*, 1969, 8: 240-247.

[5] Collins. A. M. & Quillian, M. R. Faciliatatinig retrieval from semantic memory: The effect of repeating part of an inference. *Acta Psychologia*, 1970, 33: 304-314.

[6] Craik, F. I. M. & Lockhart, R. S. Levels of processing: A framework for memory research. *Journal of Verbal Learning and Verbal Behavior*, 1972, (11): 671-684.

[7] Eysebck, M. W. *A Handbook of Cognitive*. London: Lawrence Erlbaum Association, 1984.

[8] Gregory, R. L. *The Intelligent Eye*. New York: McGraw-Hill, 1970.

[9] Leahey, T. H. & Harris, R. J. *Learning and Cognition* (5th ed.). New Jersey: Prentice Hall, 2001.

[10] Leech. G. Teaching and Language Corpora: A Convergence. In: A. Wichmann, S. Fligelstone & A. McEnery. et al (eds.). *Teaching and Language Corpora*. London: Longman, 1997. 1-23.

[11] Miller, G. A. The magical number seven, plus or minus two: Some limits on our capacity for processing information. *Psychology Review*, 1956, 63: 81-97.

[12] 王苏, 汪安圣. 认知心理学. 北京：北京大学出版社，1992.

[13] 肖忠华，戴光荣. 语料库在语言教学中的运用——中国英语学习者被动句式习得个案研究. 浙江大学学报(人文社会科学版)，2010，(6): 56-66.

[14] 张大均主编. 教育心理学. 北京：人民教育出版社，2004.

[15] 张晓东. 分层网络模型与激活扩散模型对英语词汇教学的启示. 北京第二外国语学院学报，2003，(6).

第 6 章 原型范畴理论的应用

前面几章主要介绍了辅以语料库的新认知教学法产生以前的主要语言学理论与主要教学法以及辅以语料库的新认知教学法的语言学理论、心理学理论、语言学习观以及主要教学原则。辅以语料库的新认知教学法可定义为：用认知语言学理论来解释来自语料库的真实语料的语言现象，结合认知心理学与建构主义学习观来进行语言教学，以期发展学习者整体认知能力、培养学习者语言能力的一种教学法。本章起将介绍辅以语料库的新认知教学法在英语教学中的应用。因为该教学法是一种新型的教学法，有待于进一步的完善，所以我们也同样强调在利用该教学法教学的过程中除了主要以 3I 模式外还应结合其他的教学模式，其核心思想是都用认知语言学理论来指导语言教学。目前对于该教学法在英语教学中的应用，研究最多的是原型范畴理论的应用，本章主要介绍原型范畴理论在辅以语料库的新认知教学法中的应用。

6.1 范畴与范畴化

6.1.1 范畴与范畴化的定义

范畴是人们理解和认识世界的基础，也是人们思维和交际的基础。人类的认知基于体验，始于范畴化；人类先获得范畴，然后再形成概念，概念系统是根据范畴组织起来的，因此范畴化是范畴和概念形成的基础，范畴和概念是范畴化的结果(王寅，2007：92)。范畴和范畴化在认知语言学

研究中都占据着重要的地位。范畴指人的思维对客观事物的普遍本质的概括和反映。范畴是由那些在人们看来多少有些联系，并被人们归为一类的事物组成的。由此看来，范畴与人的认知密切相关，涉及人的主观因素。因此，范畴是认知主体对外界事物属性所作的主观概括，是以主客观互动为基础对事物所作的分类(王寅，2007：91)。在现实世界里，事物往往被划分为不同的范畴，如动物、植物、家具、图书，等等。人们认识事物时首先会提出这样的问题——“这是什么？”即我们将其归为哪个范畴的问题。例如，颜色范畴：红、黄、绿、黑、白等；语法范畴：名词、动词、形容词、副词等。范畴化是人类的一种高级的认知活动，是人脑利用符号系统将混杂的世界转化为有序信息的过程，是人类对事物进行分类的心理过程，也是构建范畴的基础。范畴与范畴化就像如影随形的两兄弟。范畴化是指对事物的认知过程，而范畴就是认知的结果。因此，范畴就是范畴化的产物和结果，范畴化又是概念和词义形成以及语言运用的出发点。范畴化的重要性在于它是词义及语言运用的基础。

6.1.2　范畴化的横向和纵向维度

范畴化可以在横向和纵向两个维度上运作。范畴化的横向维度就是把抽象化程度相同的事物组织起来，它考察的是范畴的内部结构。范畴化的纵向维度就是将事物从最抽象到最具体的排列方式，它关注的是范畴的容纳(inclusiveness)水平。范畴结构能够抽象出层次，以建立基本的范畴分界线。范畴可以出现在内包的不同层次上(Level of Inclusiveness)，如表 6-1 所示。

表 6-1　范畴内包的不同层次

范畴(Categories) / 范畴的层次	范畴 1	范畴 2	范畴 3
上位范畴(Superordinate Categories)	furniture	vehicle	tableware
基本层次范畴(Basic Level Categories)	chair	car	spoon
下位范畴(Subordinate Categories)	armchair	sports car	soup spoon

以上不同层次的内包也可以用表 6-2 表示。

表 6-2　范畴内包的不同表达

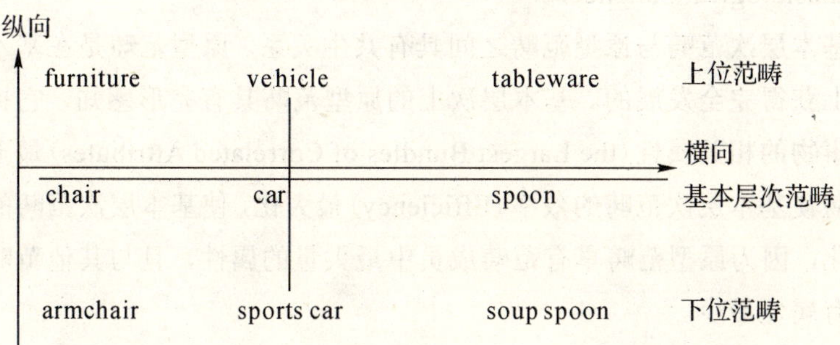

可以看出，furniture 范畴比 chair 范畴具有更大的内包性，因为它还包含了除 chair 范畴之外的 desk，table 等范畴。同样，chair 范畴又比 armchair 范畴具有更大的内包性，因为它还包含了除 armchair 之外的其他不同类型的椅子。armchair 范畴只包含 armchairs，因而其内包性最低。在以上几个范畴中，可以分出不同层次，中间的黑体词被认为具有特殊的地位，被称之为基本层次(Basic Level)。这一层次在认知和语言上比其他层次更突显，是范畴化的基本层次范畴，人们通常在这一层次对事物进行概念化和命名。基本层次范畴能够以最小量的认知获得最大量的信息。在基本层次范畴之上，有更抽象、更具概括性的上位范畴(Superordinate Categories)；在基本层次之下，有较具体、较少概括性的下位范畴(Subordinate Categories)。

6.2　基本层次范畴与原型范畴

6.2.1　基本层次范畴与原型范畴的关系

基本层次范畴与原型范畴既相互联系，又相互区别。原型范畴与横向的范畴组织有关，而基本层次范畴与纵向的分类组织有关。原型是关于词汇用来指什么：一想到家具(furniture)这个词，人们就会用这个词来指 chairs，beds 或 tables，而不是 stools，mirrors 或 lamps。原型是一种语义突显(Semasiological Salience)。基本层次是关于事物是如何命名的，比如人们把坐在上面看书、写字的这个物件称为椅子(chair)，而不是一件家具(a piece of furniture)或者人工制品(an artifact)。基本层次是一种名称突显(Onomasiological Salience)。

基本层次范畴与原型范畴之间具有共生关系。原型范畴是在基本层次范畴上获得完全发展的。基本层次上的原型范畴具有完形感知，它提供的有关事物的相关属性(the Largest Bundles of Correlated Attributes)最多；原型范畴使基本层次范畴的效率(Efficiency)最大化，使基本层次范畴的区别最大化，因为原型范畴享有范畴成员中最大量的属性，且与其他范畴成员的共有属性最少。

6.2.2 基本范畴词的使用频率统计

基本范畴词是人们日常语言交际的基本词汇，我们可以从下面的语料库中看出基本范畴词的使用频率。

根据英国国家语料库(BNC)，基本层次范畴词汇的使用频率比其上位范畴的词汇和下位范畴的词汇的使用频率要高得多。比如，对 furniture，chair，kitchen chair，wheel chair 这样一组词进行了查询，其结果如表 6-3(转引自匡芳涛，2010)。

表 6-3 基本范畴词的使用频率

	范畴 (Categories)	出现频数 (Frequency)
上位范畴(Superordinate Categories)	furniture	35.06 次/百万词
基本层次范畴(Basic Level Categories)	chair	75.09 次/百万词
下位范畴(Subordinate Categories)	kitchen chair	0.41 次/百万词
	wheel chair	0.04 次/百万词

对另一组词 canine(犬科)，dog(狗)，Alsatian(德国种狼狗)，poodle(卷毛狗)，greyhound(灵猩)进行查询后也得到了相似的结果，见表 6-4。

表 6-4　基本范畴词的使用频率

	范畴 (Categories)	出现频数 (Frequency)
上位范畴(Superordinate Categories)	canine	1.95 次/百万词
基本层次范畴(Basic Level Categories)	dog	79.79 次/百万词
下位范畴(Subordinate Categories)	Alsatian	1.09 次/百万词
	poodle	0.99 次/百万词
	greyhound	2.07 次/百万词

同样，对 vehicle，car，sports car，race car 这一组词进行查询得到的结果如表 6-5。

表 6-5　基本范畴词的使用频率

	范畴 (Categories)	出现频数 (Frequency)
上位范畴(Superordinate Categories)	vehicle	42.42 次/百万词
基本层次范畴(Basic Level Categories)	car	271.48 次/百万词
下位范畴(Subordinate Categories)	sports car	2.42 次/百万词
	race car	0.13 次/百万词

因此，在词汇教学的过程中，引入基本层次和非基本层次的概念非常重要。先学习基本层次范畴词汇，然后再学习上位范畴或下位范畴的词汇符合学习者的认知特点，有利于学习者建立以基本层次范畴词汇为中心的词汇语义网络。

6.3 教学应用实例分析

6.3.1 以纵向维度为出发点的词汇教学

基本范畴理论为大学英语词汇教学提供了非常好的理论基础，面对已有一定词汇量的大学生，在教学中老师应该帮助学生从认知的角度建构一个以基本范畴词为中心，相互联系、范畴层次清晰的词汇网络结构。这样呈现在大学生脑海里的就不是一个个孤立的词汇，而是相互串联的实体。词汇的这种联系有两种形式，可以在基本范畴词汇的基础上，按照激活扩散模型和层次网络模型构成横向和纵向网络。如图 6-1 和图 6-2。

...gathering←assembly←meeting→conference→congress...

图 6-1　词汇横向联系网络(根据激活扩散模型建构)

图 6-1 中的 meeting 是基本范畴词，gathering 指一些人不正式地或无组织地聚集在一起；assembly 着重指为了一个共同目标集合在一起，这种目的可以是社交娱乐的、宗教的，也可以是集体的庆祝；conference 指专门性会议；congress 指代表大会或美国的国会。以 meeting 为中心，构成了一个有关会议词汇的网络。在词汇的教学中，教师应以 meeting 为重点，逐步横向扩散。

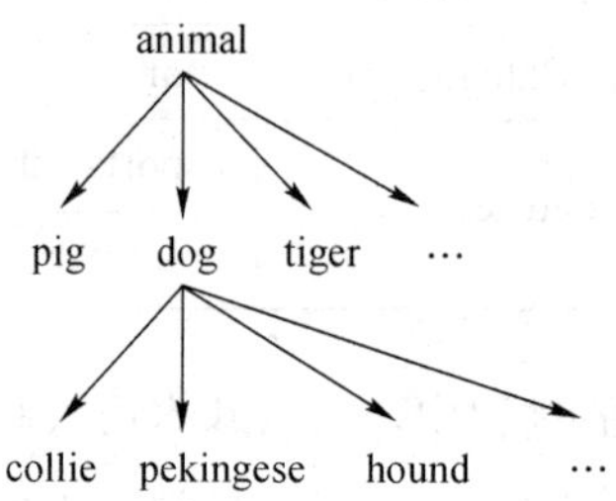

图 6-2　词汇纵向联系网络(根据层次网络模型建构)

图 6-2 中 dog 是基本范畴词，它的上位词是 animal(动物)，它的下位词有 collie(牧羊犬)，Pekingese(哈巴狗)，hound(猎狗)等词。人们的认识规律研究表明，人们首先认识的是基本范畴词 dog，然后认识它的上位词 animal，然后认识它的下位词 collie，Pekingese，hound 等。因此，在英语词汇的教学中，词汇的教学顺序要符合学生的认知规律，重点教会学生使用基本范畴词，接着教会学生基本范畴词的上位词，最后教会学生基本范畴的下位词。在掌握一门语言中基本范畴词的掌握比上位词重要，上位词比下位词重要。也就是说，基本范畴词是教学的重点，基本范畴词的下位

词是词汇教学的难点。

基本范畴词的界定是不确定的，这给英语词汇教学提供了更大的空间。人们认知的范畴作为概念储存于大脑，形成心理词汇，心理词汇又表现为外部的语言符号。概念的内涵是按它与事物的原型范畴的象似度来进行心理表征的。词汇实际上就是人类对概念的表征，从各种角度都可以发现其突显性。学生可以根据个人的认知习惯和经验将这些具突显性的词汇看做其范畴内的原型，或把那些最容易识记，在这个词义的基础上又最容易产生联想的词视为这组同一范畴内的基本范畴成员，即原型。（汪溶培、卢小娟，1997）

在图 6-3 中，第②层次基本范畴成员是 literature；第③层中基本范畴成员是 fiction；第④层次基本范畴成员是 novel。

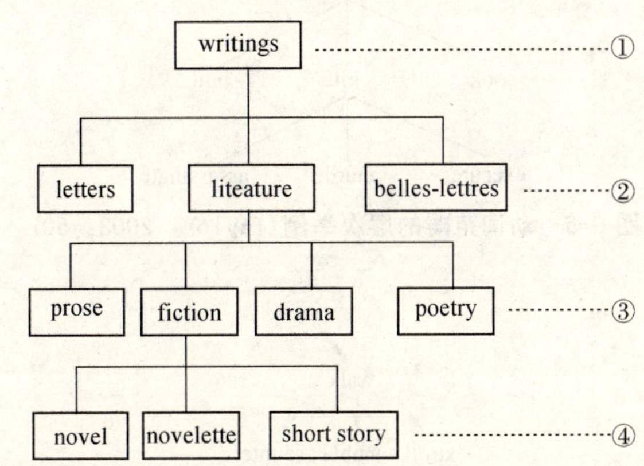

图 6-3　基本范畴词汇形成过程（引自陈建生，2009）

泰勒（Taylor）（2003，2007）也给出了几个例子来展现范畴的层次。

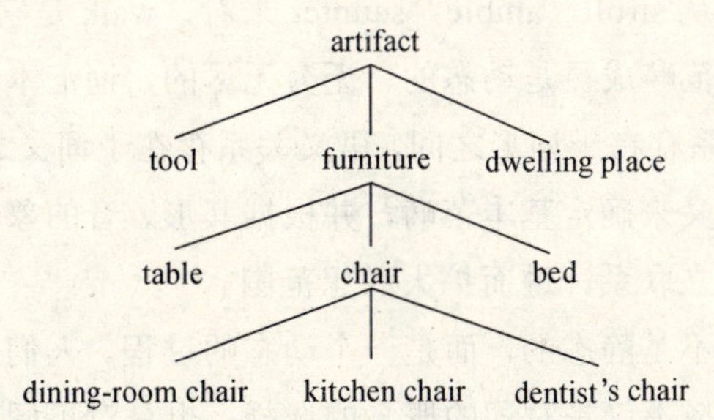

图 6-4　名词范畴的层次举例（Taylor，2003：49）

图6-4中显示chair这个范畴包括在上位范畴furniture之中，而furniture又被包括在更高一级的范畴 artifact 之中。kitchen chair 是 chair 这个基本层次范畴的一个下位范畴。因此，范畴化的层次可以向上下两端延伸，上位范畴的名词更加抽象，更具概括性，而下位范畴的名词更具体，是具体实体的集合。从横向看，table，chair 和 bed 都是 furniture 这个范畴中的具体实例，它们同属于一个层次。

同名词范畴一样，动词范畴也可以有这样的层次，只不过划分起来要相对复杂些。图 6-5 和图 6-6 均展示了动词范畴的层次划分。

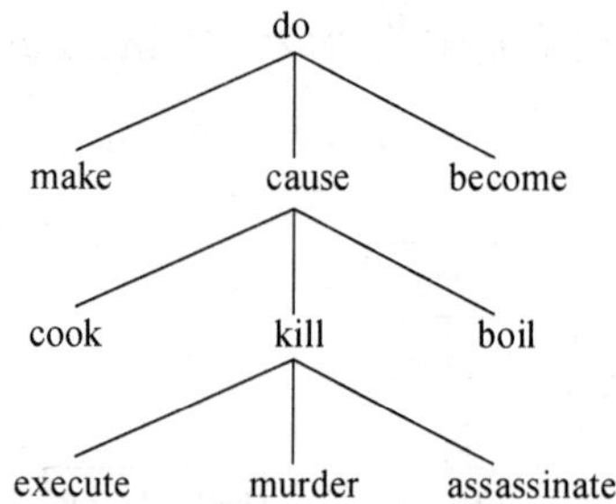

图 6-5　动词范畴的层次举例(Taylor，2003：50)

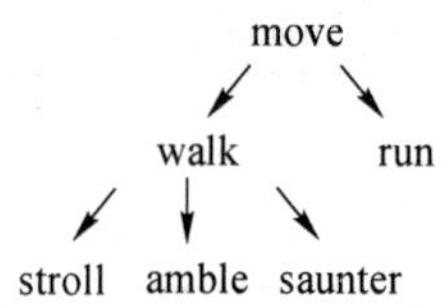

图 6-6　动词范畴的层次举例(Taylor，2007：57)

在图 6-6 中我们可以把 move 看成是上位范畴，而 walk 和 run 是它的下位范畴；同样从 stroll，amble，saunter 来看，walk 是它们的上位范畴。

因此，基本范畴成员是动态的、无穷无尽的，词汇本身也可以分成多种原型。词汇关系存在于词形之间，语义关系存在于词义之间。在学习中，可以从形或音或义来确定基本范畴，并根据其形、音的象似性或词义的象似性与其他词建立联系，进而扩大联想范围。

词汇的教学不是静态的，而是一个动态的过程。人们使用语言就是在进行选择，而选择不仅是对词的概念的选择，也是对不同的语义范畴等级的选择。不同范畴等级中的词的选择也受到语境因素的影响。在大学英语词汇教学中，教师应该把基本范畴词作为教学的重点，让学生理解各义项之间的网络关系，在使用中体现它们之间的细微差别。在全新版大学英语教程(李荫华，2006)中，编者将课后的词汇划分成四级词汇、六级词汇、后六级词汇和纲外词汇。学生根据自身水平和参加过级考试的要求，选择相应等级的词汇进行学习，避免词汇学习的盲目性。根据范畴理论，教师在上课前可以把词汇分为名词、动词和形容词三大类。

传统的教学方法是，老师对照课文逐一向学生解释词汇，要求学生记住该词在课文中的意义。这样做只能使学生记住词汇在特定语篇中的含义，忽略了它们的基本意义，更不要说相关词汇范畴的辐射和扩展了。例如 lounge, cocktail, creek, instinct, constitution，表面上看它们风马牛不相干，但是通过范畴化理论可以找出它们的共同特征。它们都不是人们认知上的基本范畴领域成员，但都可以用范畴词汇进行解释。以 lounge 为例，《当代高级英语辞典》是这样解释的：“a small comfortable room in a hotel or other building used by many people”。在人们的认知结构中，building 和 room 更具有一般完形性，也更容易被看成基本范畴词。

基本范畴可以从两个方向进行分类：一是从“属”到“种”，如“猫”到“波斯猫”；二是从整体到部分，如从“身体”到“四肢”、“手”等。前者中的“属”是范畴等级中的“上位范畴”，而后者中的“部分”是“下位范畴”。上位范畴寄生于基本范畴之上，它依赖基本范畴获得完型和大部分属性；而下位范畴则是在基本范畴基础上进一步切分，它们是寄生范畴。

lounge 从一定程度上说，是个有着特指功能并在特定场所中出现的建筑物，是对 room 从功能和地点上的细化和再分，是在 room 这个基本范畴下的下位范畴。通过 room，老师可以引申出 lobby，foyer，hall 等一系列与它近义又在具体使用上有细微区别的同范畴词汇。教师不妨借助图 6-7 进行词汇教学。

根据图 6-7 演示的词汇教学，教师不但可以扩大学生的词汇量，还可以使学生掌握各词之间的词义区别，而且了解各词汇之间的逻辑意义。这是其他词汇教学方法无法做到的。

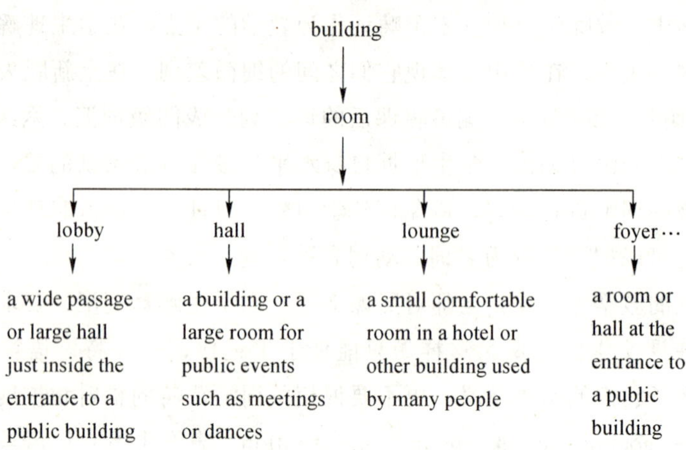

图 6-7 运用范畴化理论进行词汇教学示例(引自陈建生，2009)

cocktail 作为以 drink 为基本范畴等级的寄生范畴，所表示的含义是"由多种烈酒和果汁混合而成的鸡尾酒"。同上面的方法一样，通过 drink 这个基本范畴，老师可以衍生出诸如 brandy(白兰地酒)、champagne(香槟酒)、drygin(松子酒)、perry(梨子酒)、rum(罗木酒)、vermouth(苦艾酒)等词汇。

再如 creek，它在词典里的释义是"a small narrow steam or river"，大多数学生对于河流的概念在初中时就已经了解，而这种了解都是从 river 这个基本范畴词开始的。学生从基本范畴词 river 可以很自然地联想到与它有关的一系列下属词汇，诸如 stream，torrent，current 等。在 river 这个词汇网络中，有的学生可能联想不到 creek，此时教师应把 creek 置于 river 网络中进行教学。通过这次词汇学习，让学生认识到 river 和 creek 属于同一个范畴，这就更有利于学生对 creek 的理解与记忆。

采用这样的方法进行英语词汇教学，可以培养学生用英语进行思维，并把这种思维转化成一种能力。这种方法能使学生在潜移默化中深化对基本范畴词汇的理解，扩大词汇量，培养学生对同义词和近义词的辨析能力，使学生的英语运用能力达到一个更高的水平。

以上是有关名词教学方法的阐述，同样的方法也适用于动词和形容词教学。

例如 stroke，其释义是"an action in which you hit someone with something such as a whip or thin stick"。对于"打"的概念，学生使用频率

最高的是“hit”一词。以它作为基本范畴，老师在词汇教学中还可以提到 blow, knock, buffet, strike, beat 等下位范畴词。它们在用法上各有侧重点和用法限制：stroke 指“用东西打人”，该东西可以是硬的东西，也可以是软的东西；blow 尤指“用拳头打”；knock 一般指“用硬东西打”，尤指拳脚敲打；strike 多指“急速或突然有力地打击”。

又如 insane，它是个形容词，它的释义是“completely stupid or crazy often in a way that is dangerous”。很明显，它的基本范畴词是 crazy，它是 crazy 的下位范畴词。与 insane 同处下位范畴词的还有 mad, frantic, wild, rabid 等。insane 指“患精神病的，极愚蠢的”；mad 指“生气的，疯狂的”；frantic 指“激昂的、似疯狂的”，wild 指“野蛮的，放肆的”；rabid 指“狂热的，恐怖的”。

老师在课堂上可以就以上动词和形容词进行总结。动词 blow, knock, buffet, strike, beat 和 stroke 的基本意义一样，都表示“打”，了解这一点后，学生在阅读理解中碰到这些词时就不会显得陌生，也不会影响阅读理解的效果。如果学生只了解这一点，在写作和翻译中还是不够用，因为学生还不能正确使用这些词。学生必须了解它们之间有打的方式和打的工具两方面的差别，才能在写作和翻译中正确使用。只有这样才算真正掌握了这些词。对以上形容词的理解也是一样，只知道他们都表“发疯”的意思还不够，学生必须知道：insane 多指身体患病的，mad 侧重表示生气，frantic 侧重激昂，wild 侧重野蛮，rabid 侧重狂热，这样才算学生真正掌握了这些词。

又如图 6-8。动词 look 可以看成是一个基本范畴，它的下位范畴有：peep“偷看，窥视”；peek“从缝隙(或隐蔽处看)”；peer“凝视，盯着看，眯着眼看”；stare“睁大眼睛凝视”；gaze“长时间凝视”；glare“怒视”；gape“张大嘴惊奇地看”；scan“快速浏览”；survey“眺望，纵览”；browse“浏览，随意翻阅”；glance“匆匆一看，瞥视”；glimpse“短暂一瞥”；peek“一瞥”；watch“全神贯注地看，警觉地看”；ogle“抛媚眼”；leer“色迷迷地看，不怀好意地看”。这样就可以把有关不同的“看”放在同一个语义网络中记忆。

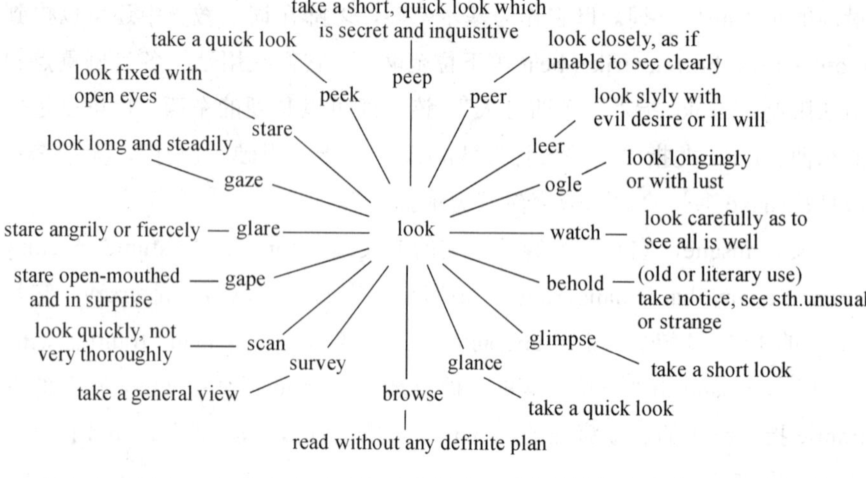

图 6-8　动词 look 的基本范畴与下位范畴示意图(根据张晓东，2003 改编)

以基本范畴词汇为中心的词汇教学方法，能在最大程度上调动学生的主观能动性，激活学生的联想记忆。教师通过对下位范畴词汇的词义辨析，既扩大了学生的词汇量，也增加了对词义的了解和词义的掌握。

6.3.2　以横向维度为出发点的词汇教学

上面主要举例讨论了基本层次范畴、上位范畴和下位范畴在词汇教学中的应用，主要从范畴的纵向维度为出发点。下面将根据范畴化的横向维度，把抽象化程度相同的事物组织起来，根据范畴的内部结构来进行词汇教学。

词汇是范畴、概念或意义在语言中的表现形式，或者说词汇是范畴、概念或意义以语言符号形式存在的载体，而词有语义范围或称语义范畴。由于语义的形成主要来源于人与客观世界互动的认知，来源于使用者对世界的理解，因此对语义的理解也同样涉及使用者对客观世界的理解，涉及世界的百科知识。在进行词汇教学时，我们可以根据认知心理学激活扩散模型，突显语义中的某个语义范畴，以该语义范畴为认知参照点，以语义联系或语义象似性建立语义范畴网络，提高词语理解与记忆水平。

例如，学生很早就学会了 school 一词，school 的典型词义是“an institution for learning, or a place where children are educated”即学校。然而

对 school 一词进行语义范畴分析我们可以看出，它由 institution（机构）、learning（学习）、place（地方）、children（孩子）和 educate（教育）等范畴组成。如果我们以 institution（机构）或 place（地方）为认知参照点，并进行激活扩散和突显就可以建立以下语义网络：preparatory school，play school，infant school，nursery school，primary/elementary school，middle/junior school，high school，private school，public school，special school，day school，night school，boarding school 等各种各样的学校。同样，以 learning（学习）或 educate（教育）为认知参照点，进行激活扩散和突显就可以建立以下语义网络：school year，term，lesson，class，period，subjects（reading，writing，arithmetic...），teaching，compulsory education，curriculum，syllabus，blackboard，course books，seminar，breaktime 等。

再如 party，学生们也早已掌握它的典型词义“a social event，often in someone's home，at which people enjoy themselves doing things such as eating，drinking，dancing，talking，or playing games”，即聚会。我们也可以根据激活扩散模型把下面的词语组成一个语义网络：birthday party，Christmas party，New Year's party，graduation party，Halloween party，get-together，house party，house-warming party，garden party，tea party，slumber party，farewell party，office party，dinner party，reception，wedding reception，cocktail party，ball，barbecue，fancy-dress party，hen-party，hen-night，stag-party，stag night 等。

下面我们以上海外语教育出版社出版的供英语专业低年级学生使用的综合英语教材《新编英语教程》（李观仪，2003）为例。

在讲解《新编英语教程》第二册第一单元的两篇课文 Two Kinds of Football 和 The Olympics 时，发现这两篇课文都与 sports 相关，此时我们就可以以 sports 为核心范畴概念进行语义激活与扩散。由 sports 首先联想到从事运动的人，如 sportsman，sportswoman，amateur，professional，athlete；又由 sports 联想到不同的运动形式，如 indoor sports，outdoor sports，water sports，tennis，table-tennis，football，soccer，rugby，volleyball，baseball，basketball，badminton，golf，squash，hockey，cricket，boxing，fencing，shooting，archery，track and field，running，high jump，hurdles，riding，cycling，skiing，skating，gymnastics，weightlifting，diving，swimming， surfing 等；然后再联想到从事运动的场所，如 sports ground，playing field，a football/rugby/hockey/cricket pitch，a tennis/squash/badminton court，a golf course（需要注意的是，pitch，court，course 三个单词都表示"运动场地"，但它们习惯上与不同的运动形式相搭配），running track，sports centre，sports club，gymnasium，stadium，swimming pool 等；最后还可以通过 sports 联想到其他相关概念，如 Olympic Games，spectator，fan，supporter，referee 等。这样就帮助学习者建立起了以核心概念为中心的词汇语义范畴网络。

《新编英语教程》第四册第一单元中有一篇课文，题为 My Financial Career，这篇文章涉及银行业务的问题。我们就可以以 bank 作为核心范畴概念来进行语义激活与扩散。首先联想到的是与银行有关的人和物，如 bank manager，banker，bank clerk，cashier，accountant，cash machine/cash dispenser/ATM，counter，cheque/check，Pin number，bank card，bank account，（current account/checking account，deposit account/savings account）等；再联想到与银行有关的活动，如 open an account，close an account，put or pay money），withdraw money（from an account）；还可以联想到银行账户的具体情况，如 bank balance，bank statement，in the black，in the red，overdrawn，overdraft 等。同时还可以通过 banking 联想到它的上位范畴词汇 financial institution（金融机构）。通过这样的联想，学习者的大脑就会形成以 bank 为核心范畴概念的词汇语义范畴网络。

《新编英语教程》第四册第三单元 Salvation 围绕宗教（religion）的问题展开。我们就以 religion 为中心范畴概念来进行语义激活与扩散。首先联想到的是世界上最具影响力的宗教，如 Christianity，Hinduism，Buddhism，Islam，Judaism 等；以及信奉这些宗教的人 Christian，Hindu，Buddhist，Muslim，Jew；然后联想到的是与宗教信仰和宗教活动有关的词汇，如 theology，theism，atheism，theist，atheist，holy，sacred，heaven，hell，life after death/life/eternal life，reincarnation，sin，sinner，sinful，salvation，doctrine，priest，prayer，worship 等；特别是与基督教有关的词汇，如 Jesus Christ，the Virgin Mary，the Trinity（the Father，the Son and the Holy Spirit/Ghost），Lord，the cross，crucify，crucifixion，the Bible（the Old Testament，the New Testament），church，chapel，disciple 等。

通过语义范畴激活联想一方面加深了对核心概念范畴的理解，另一方面加强了词汇与词汇之间的语义联系。它帮助建立起词汇语义范畴网络，使词汇不再是孤立的，而是与其他词汇有着这样或那样的联系。词汇语义范畴网络最大的优越性就表现在它能够为词汇的使用提供合适的语言环境。在学习词汇的同时，也了解了词汇所蕴含的文化信息。

本章参考文献：

[1] Taylor, J. R. *Linguistics Categorization*. Oxford: Oxford University Press, 2003.

[2] Taylor, J. R. *Ten Lectures on Applied Cognitive Linguistics*. Beijing: Foreign Language Teaching and Research Press, 2007.

[3] 陈建生. 英语词汇教学“石化”消解研究——基于兰盖克语法理论的分析. 西南大学博士学位论文. 重庆，2009.

[4] 匡芳涛. 英语专业词汇教学研究——基于范畴化理论的探索. 西南大学博士学位论文. 重庆，2010.

[5] 李观仪主编. 新编英语教程. 上海：上海外语教育出版社，2003.

[6] 李荫华等. 全新版大学英语综合教程(4). 上海：上海外语教育出版社，2006.

[7] 汪榕培，卢小娟. 英语词汇学教程. 上海：上海外语教育出版社，1997.

[8] 王寅. 认知语言学. 上海：上海外语教育出版社，2007.

[9] 张晓东. 分层网络模型与激活扩散模型对英语词汇教学的启示. 北京第二外国语学院学报，2003，(6).

第7章 概念隐喻和概念转喻理论的应用

第六章主要谈了在原型范畴理论的指导下，辅以语料库的新认知教学法在英语教学中的应用，本章将接着讨论在概念隐喻和概念转喻理论指导下，辅以语料库的新认知教学法在英语教学中的应用。就像原型范畴理论一样，已有许多学者和教育工作者把概念隐喻和概念转喻理论用于英语教学中，如孙边旗(2004)、陈娴(2009)、陈建生(2009)、朱建新(2009)和匡芳涛(2010)等。

7.1 概念隐喻理论

7.1.1 隐喻的认知阐释

莱考夫和约翰逊(1980)认为隐喻不仅是人类的基本思维模式，而且是人类赖以生存的基本方式。隐喻是人们用一种事物来认识、理解、思考和表达另一事物的认知思维模式之一。它根植于语言、思维、文化和概念体系中，是具有普遍性和共性的人类基本的认知活动。人类之所以具有创造性，是因为人类运用隐喻式的思维模式去认识世界。隐喻不仅仅是一种语言现象，从根本上讲，隐喻是一种认知现象。隐喻性思维是人类认识事物、建立概念系统的一条必由之路。(束 2000：11) 在莱考夫和约翰逊看来，对于大多数日常经验的理解都是通过隐喻来进行的，其目的是获得更好的理解。莱考夫和约翰逊总结了隐喻的基本特征。他们认为隐喻具有以下几个方面的特征：1)隐喻本质上是一种思维和行为现象，语言中的隐喻只是一种派生现象；2)隐喻可以以象似性为基础，表达两个不同事物之间或两个概念之间所存在的相似关系；3)隐喻的基本功能是提供通过某一经历来理解另一经历的某些方面的可能性。它可以通过原有的孤立的象似性，也可以通过创造新的象似性，等等。(Lakoff & Johnson，1980：154) 象似性是隐喻产生的基础。象似性可以表现为物理的象似性，也可以表现为心理的象似性。物理的象似性是指形状或功能上的相似；心理的象似性是指由于文化、传说或其他心理因素使人们认为两种事物存在某种象似性。隐喻是从一个概念域(源域)到另一个概念域(目标域)的结构映射；源域通常是人们较为熟悉的、具体的概念，而目标域往往是人们不太熟悉的、抽象的概念。隐喻的哲学基础是体验主义，体验主义非常重视人的身体和感觉运动体验在认知方面的作用。思维和语言不能脱离身体的体验而存在。也就是说，隐喻映射不是任意的，而是基于人们身体的体验。隐喻是人们将体验概念范畴化的基本方式。隐喻在人们的日常生活中比比皆是，它不仅仅存在于人们的语言中，而且存在于人们的思维和行动中。人们进行思考和行动的日常概念系统，基本上都具有隐喻性质。(胡壮麟，2004：74) 日常语言中充满了各咱各样的隐喻表达(Metaphorical Expressions)。比如，基于人体部位就产生了许多的隐喻表达，这样的隐喻表达又被称为常规隐喻(Conventionalized Metaphors)。温格瑞尔(Ungerer)和斯密特(Schmid)(2001：117)举了如下例子(表 7-1)：

表 7-1　基于人体部位隐喻表达(Ungerer & Schmid，2001：117)

head	of department, of state, of government, of a page, of a queue, of a flower, of a beer, of stairs, of a bed, of a tape recorder, of a syntactic construction
face	of a mountain, of a building, of a watch
eye	of a potato, of a needle, of a hurricane, of a butterfly, in a flower, hooks and eyes
mouth	of a hole, of a tunnel, of a cave, of a river
lips	of a cup, of a jug, of a crater, of a plate
nose	of a aircraft, of a tool, of a gun
neck	of a land, of the woods, of a shirt, bottle-neck
shoulder	of a hill or mountain, of a bottle, of a road, of a jacket
arm	of a chair, of a sea, of a tree, of a coat or jacket, of a record player
hands	of a watch, of an altimeter/speedometer

总之，隐喻是人们用较熟悉的、具体的概念去理解、思维和感知较为陌生的、难以直接理解的概念，其方式就是从源域到目标域的结构映射，其基础就是人类的普遍体验。隐喻是一种思维模式，是人们对抽象概念进行概念化的有力认知工具。隐喻能力的培养能够促进学习者的抽象思维能力、想象力和创造力的发展，从而极大地丰富学习者的语言表现力。

7.1.2 隐喻的分类

根据莱考夫和约翰逊(1980)，隐喻通常被分为三大类。

1. 结构性隐喻

结构性隐喻(Structural Metaphor)是指一个概念通过隐喻的方式系统地用另一个概念表达出来，通常是用源域中具体的或比较熟悉的概念去类比目标域中抽象的或比较陌生的概念。两个概念具有结构上的相似性，如Argument is war 以及 Life is a journey 等。

2. 方位性隐喻

方位性隐喻(Orientational Metaphor)是指参照空间方位性建立的一系列隐喻概念。空间方位性概念如“上—下，前—后，高—低，内—外，深—浅，心—边缘”等，是人类较早产生的、可以直接理解的概念。在此基础上，人们将抽象的概念，如情绪、身体状况、数量、社会地位等投射于这些具体的方位性上，从而形成了用表示方位性的词语表达抽象概念的语言。例如基于方位性 Happy is up/sad is down，产生了如下表达：

I’m feeling up.

My spirits rose.

We are in high spirits.

I’m feeling down.

He is really low these days.

My spirits sank.

He’s been down ever since he heard the news.

这种方位性隐喻概念不是任意的，它与人们身体的体验有关。也就是说，人们情感与人们的感知运动体验之间存在系统相关。比如，直立上升的姿势与愉快相联系，而下弯的姿势与悲哀和沮丧相联系。

3. 本体性隐喻

本体性隐喻（Ontological Metaphor）是指用关于物体的概念或概念结构来认知和理解人们的体验，如可将抽象的概念类比成具体的物体，使后者的有关特征映射到前者。本体性隐喻又可分为：

（1）实体和物质隐喻（Entity and Substance Metaphor）：把体验视作实体或物质，通过后者来理解前者，就可对体验做出相应的物质性描写。例如，由实体隐喻概念 Inflation is an entity，于是在英语中就有了如下表达：

Inflation is lowering our standard of living.

If there is much more inflation, we'll never survive.

（2）容器隐喻（Container Metaphor）：将实体（不是容器的事物，如大地、视野、事件、行动、状态、心境等）视为一种容器，使其有边界、可量化、能进、能出。例如：

He is in love.（把状态视为容器）

They are out of trouble now.（把困境视为容器）

The kite is coming into view.（把视野视为容器）

（3）拟人隐喻（Personification）：将事体人性化。例如：

The weather smiled on us.

The thought struck me that she had come to borrow money.

Life has cheated me.

隐喻是通过某一领域的经验来理解另一领域经验的认知过程。（王寅，2007：409-411）

在教学中，教师要重视培养和提高学习者的隐喻思维能力。隐喻思维能力被认为是随着人的认知发展而产生的一种创造性的思维能力，是人类认知发展的高级阶段，是人们认识事物，特别是认识抽象事物不可缺少的一种认识能力。在教学中引入隐喻思维能力的概念，其目的就是帮助学习者了解语言背后的隐喻思维模式，提高他们的想象力和创造力，从而提高他们理解和运用语言的能力。

7.1.3 隐喻在外语教学中的应用

一、方位隐喻

基于空间方位概念而产生的方位性隐喻是意义扩展的重要方式之一。高—低(high—low)的身体体验就源于上—下(up—down)的空间方位，而上—下的空间体验可以映射到数量域(more is up, less is down)、评价域(good is up, bad is down)、控制域(power is up, powerless is down)。根据 more is up 这个方位性隐喻，high 就可以用来表示数量，如 high number，high temperature，high price，high speed，high blood pressure 等。根据 good is up 这个方位性隐喻，high 可以用来表示积极的评价，如 high standards，high quality，high opinion 等。根据 Power is up 这个方位性隐喻，high 就可以用来表示权利关系，有权利的个人和团体的地位比没有权利的个人和团体的要高一些，如 high society，high class 等。可以说 high 这个单词的词义变化，是从一个概念域到另一概念域的结构映射，它借助了隐喻这种认知手段。了解到 high 背后的隐喻机制，就能够很自然地理解 high 的各种搭配，从而全面掌握 high 的各种不同词义。

二、概念隐喻

又如在英语中，有许多关于“死亡”(death)的委婉表达。事实上，这些委婉表达都使用了隐喻。比如，基于 “death is departure”(死亡即离去)这个概念隐喻，就有了如下表达形式：to depart，the final departure，to fade away，to be gone，to be no more，to come to an end，to have gone a better place(land，world，life)，to go to one’s resting place，to go to west，to leave this world 等。

再如 surf 一词，人们很难把冲浪运动和上网联系在一起，但自从 surf the web 出现以后，surf 的隐喻性词义得到了有机的延伸并得到了人们的认可，创造性地突显了网络世界无拘无束、新奇、刺激、为所欲为等特性。

我们再以对金钱的态度为例，英语中的表达方式为 spend money like water(挥金如土)。money 和 water 有什么联系呢？这要从多义词 bank 说起。bank 最基本的意思是“河堤，河岸”，它怎么会和银行有关呢？因为堤岸储 water，银行存 money；河中的水流为 current，银行流通的为 currency；水流动 flow，货币/资金流量 money flow；melt 可表示冰的融化，也可表示换成现金；水可冻结 freeze，资金账户同样可以冻结 frozen capital/frozen account；水的沉积 deposit 对应银行的资金沉积(存款)，因此也有了流水账 running account 这样的表达。综上所述，堤岸与银行在功能方面并无太大区别，最主要的功能就是储蓄。作为该功能进一步的延伸，bank 还可表示：聚合体、组合、库。如 memory bank(内存体)，data bank(数据库)，blood bank(血库)，eye bank(眼库)，food bank(救济食品发放中心)等。

从同一单词的不同意义之间的相关可以看出，多义词不仅仅是语言经济性原则的结果，更是隐喻认知的结果。

在外语教学中，教师通过应用概念隐喻理论，引导学生建构概念域，促进学生的词汇习得、语句赏析及语篇理解。

下面以《大学体验英语》教材的教学为例来具体讨论。

(1) When I walked out of the terminal, I am facing the crowd of taxi-drivers milling about in front of every airport the world over. (伍忠杰，2007：120) “mill”的原义为“碾磨机，碾磨厂”，但在《大学体验英语》课文中标注的是它的另一层意思“(人或动物)绕圈子，乱转”。原义中“谷物碾磨”的特征与隐喻义中“众人四处乱转”的特征相似，均含有诸如“杂乱”、“细小”、“转动”的特点。借助概念隐喻思维，学生就不难理解该多义词了。与此同时，学生就可以深入理解 mill 一词与 move, travel, go 之间的区别，即 mill 不仅仅指移动或行走，而且含有“人多，秩序混乱”的特征。

在表达情感、理智、人生等话题的语篇中，可以发现很多由概念隐喻构建语篇的情况。因而，在语篇分析的过程中，培养学生的概念隐喻思维显得尤为必要。

(2) Zewail's path to the forefront of the international science arena has been elegant and swift… he sailed to the top of his class at Alexandria University… he also felt he could make his own way specializing in dynamics… Zewail was off and running, earning tenure in a year and a half. (伍忠杰，2007) 该例选自《大学体验英语》第三册第二单元，讲述了诺贝尔化学奖得主扎威尔(Zewail)的成功经历。该语篇的中心隐喻是

"Zewail's process of becoming successful is a journey"。其中一些表达用语：path, sail, make one's own way 以及 off and running 等都是围绕这一中心隐喻展开的，并构成了统一的整体。学生通过挖掘该语篇的隐喻内涵，便可进一步把握语篇的内在连贯性，从而加深对语篇的理解。由此可见，外语阅读能力的提高离不开隐喻思维的构建。教师应将概念隐喻体系融入到语篇教学中去，深入剖析语篇中的概念隐喻，探讨该概念隐喻在语篇中的映射，从而提高学生对于语篇主题的整体把握，培养学生的阅读技能。

下面再来分析大学英语教材《新视野大学英语》（*NH*）和《21 世纪大学英语》（*21st Century*）读写教程中的例子。

（1）A Bland Man Helped Me See the Beautiful World（Section B，Unit 3，*NH* Book 4）一个盲人帮我看到了美妙的世界

（2）She had never known her thoughts to be so confused; like the bats now above her, her thoughts quickly flew this way and that.（Section A，Unit 1，*NH* Book 4）她的思绪从未这么乱过，就像头顶飞着的蝙蝠一样，忽东忽西。

（3）Romance is both an atmosphere and a state of mind. It's great to relish it for a while, but as a steady diet romance is dangerously undernourishing.（Unit 1, Text C, *21st Century* Book 3）浪漫既是一种氛围也是一种心态。享受一段时间的浪漫固然美妙，但作为一种固定的饮食，浪漫便会有导致营养不良的危险。

（4）It（Learning a foreign language）also gave me insights into another culture, and my mind was opened to new ways of seeing things.（Section A，Unit 1，*NH* Book 1）学习外语还使我认识了不同的文化，让我以一种全新的思维去看待事物。

例（1）是课文的标题，其中 see 就是采用了隐喻用法，它隐含着这样一个概念隐喻：Seeing is understanding。在陪同那位盲人看表演的过程中，盲人对美的热爱和欣赏促使"我"对自己所生活的这个世界有了全新的认识和理解。在课文的最后作者写道："I was the one who had been blind, my eyes merely skimming the surface of things. He had helped me lift the veil that grows so quickly over our eyes in this busy world, to see a whole new realm I'd failed to appreciate before."（其实盲的人是我，我看事物只是在表面一

掠而过。在这忙碌的世界里，一层快速形成的面纱遮住了我们的双眼，是他帮我揭开了这层面纱，见到了一个以前从未好好欣赏的崭新世界。)其中的 skim the surface 和 help me lift the veil that grows so quickly over our eyes 是隐喻在短语层面上的体现。

例(2)是明喻，从宽泛意义上来说，它也属于隐喻。在此句中，作者将“思绪”比作“蝙蝠”，通过蝙蝠飞来飞去的形象，说明了文中主人公巴罗达太太的思绪很乱。其实这句话中隐含着这样一个概念隐喻：thoughts are an entity，旨在将抽象深奥的“思绪”具体化，使人更容易理解，同时也使语言更加生动形象。

例(3)隐含着这样一个概念隐喻：Romance is diet，是将人们熟知的、具体的有关“饮食”(源域)的知识投射到抽象的、复杂的“浪漫”(目标域)上，生动形象地道出了浪漫与情感的关系就如同饮食和健康的关系：经常吃一样的饭菜会导致营养不良，同样，如果你坚持让你们的关系处于一种永恒不变的浪漫状态，最终有可能会损害你们正常的情感生活。

例(4)蕴含着三个概念隐喻：Culture is a container；Mind is a container；Seeing is understanding。该句是将抽象的“文化”和“心智”想象成一个容器：朝里面看，可以了解里面的东西，打开来，可以接纳新的东西。此外，句中的介词 into 和 to 也赋予了隐喻用法，而不是单纯地表示物理空间概念。

《21 世纪大学英语》读写教程第三册第四单元 Text A College Pressure。本文从头至尾贯穿着这样一个概念隐喻：Life is a journey。作者借助于人们对于旅行的经历来谈论大学生的人生，即将“旅行”的范畴结构投射到抽象范畴“生活”上。我们的旅途有起点和目的地，有地图、线路、拐弯、小路等，路程有可能很漫长，道路有时是曲折的，有时有弯路；途中还可能跌跤……由此我们可以这样理解我们的人生：人的一生有开始，也有结束，每个人对自己的人生都有计划或安排。人在一生中可能会遇到各种各样的困难和挫折，有时会犯错误，有时会失败……可见，概念隐喻在语篇意义的建构中起着十分重要的作用，隐喻的中心内容就是语篇的中心思想。下面是从文中摘录的该概念隐喻的一些具体的隐喻表达，读者不妨细细体会一下：

(1) The road ahead is a long one and that it will have more unexpected

turns than we think.

(2) They want a map—right now—that they can follow directly to career security, financial security, social security and, presumably, a prepaid grave.

(3) I tell students that there is no one "right" way to get ahead that each of them is a different person, starting from a different point and bound for a different destination.

(4) But in fact, most of them got where they are by a circuitous route, after many side trips.

(5) They can hardly imagine allowing the hand of God or chance to lead them down some unforeseen trail.

从以上所举的例子可以看出，该语篇是由概念隐喻 Life is a journey 构成的，这些由它派生出来的隐喻性表达充分地体现了隐喻的系统性。

通过归纳其中隐含的概念隐喻 Life is a journey，然后再仔细品味课文，学生会发现隐喻概念就像一根线贯穿始终，使课文变得更容易理解了。事实上，归纳出了统领全篇的概念隐喻，就如同归纳出了文章的中心思想。用这种方式，学生既能更好地理解隐喻，也能更深入地理解课文的主题。但一开始就让学生进行这种归纳会有一定的难度，所以教师应给予一定的引导。在平时的训练中，教师可从比较容易的方位隐喻入手，经常向学生提供一些表达，如 He fell ill；His health is declining; He rose from the dead; He's at the peak of health; He dropped dead; He came down with the flu; He is in top shape.（Lakoff & Johnson，1980：15）等，让学生讨论并试图发现其中的规律，进而引导找到隐含的概念隐喻：Health and life are up; Sickness and death are down（健康和生命是上；患病和死亡是下）；同时引导学生尝试在汉语中举出类似的表达，如“他又病倒了”、“由于日夜操劳，他的健康每况愈下”、“他终于战胜了病魔，重新站了起来”等。久而久之，学生对隐喻的敏感性就能得到提高。此外，教师也可以先告诉学生某篇文章所涉及的概念隐喻，然后让学生循着这根“线”去文中寻找其相应的语言表达，等学生对隐喻有了一定的认识之后，再让他们进行概念隐喻的归纳。经过这样的反复训练，学生的隐喻意识将会大大提高，进而能够更深地体会到隐喻语言的普遍性和系统性。

三、实体隐喻

在精读课程《英语》第二册第三课(张汉熙，2005：35)Pub Talk and King’s English(酒肆闲聊与标准英语)中有实体隐喻。实体隐喻是人们将抽象的和模糊的思想、感情、心理活动、事件、状态形的概念看做具体的有形的实体，因而可以对其进行谈论、量化、识别等。在该课文中，“conversation”被看做“war”，如在 The enemy of conversation is the person who has “something to say”. 这句话中，那些想要在“conversation”中好好表现的人，被隐喻为“enemy”——一个好的谈话的敌人。如果在教学过程中，教师能够从隐喻的角度思考，利用隐喻这一认知工具为学生们讲解，必能收到事半功倍的效果。“There is no winning in conversation”这句话同样显示了作者将“conversation”比作一场战争；而战争肯定有输有赢，因而，就很容易理解“winning”在本句中的意思。教师在英语教学中，要多提醒学生对隐喻进行总结，让学生渐渐形成自己的隐喻体系，在自己写作中理解并运用这些隐喻，就能写出地道的英语文章。下面是该文中一些有关“conversation”的隐喻的例子。

(1) But conversation does not to be settled; it could still go ignorantly on. (problem)

(2) The glow of the conversation burst into flames. (fire)

(3) The conversation was on wings. (bird)

(4) The charm of conversation is that it does not really start from anywhere, and no one has any idea where it will go as it meanders or leaps and sparkles or just glows. (river and fire)

(5) Conversation is not for making a point. (theory)

(6) The conversation swung from Australian convicts of the 19th century to the English peasants of the 12th century. (swing)

从以上六句话我们可以看出 conversation 被隐喻化为河流、火、问题、鸟儿等六种实体。如图 7-1 所示：

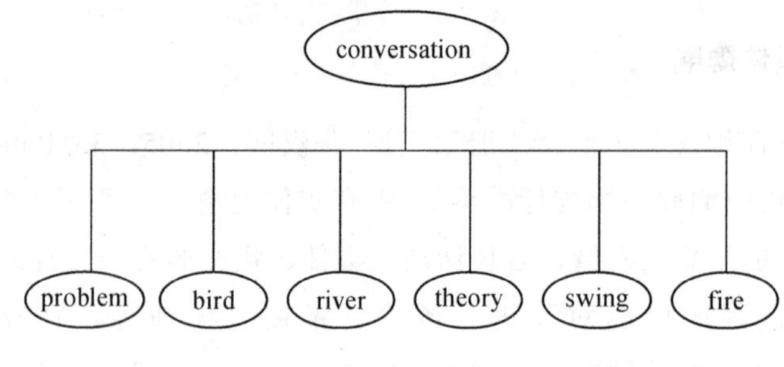

图 7-1 “conversation”实体隐喻模式(引自陈建生，2009)

在这篇“酒肆闲聊与标准英语”的课文中，还有不少类似的实体隐喻例子。例如：在句子“The fact that their marriages may be on rocks, or that their affairs have been broken or even that they got out of bed on the wrong side is simply not a concern.”中，将“marriage”比喻成“a fragile entity”。教师在上课的时候可以跟学生说“Here, marriage is compared to a ship wrecked on the rocks”。这个易碎体“on the rock”且容易“been broken”。如果教师引导学生从一开始就用隐喻思考，那么学生在看到像“on the rock”、“been broken”等表达时便会产生疑问，从而积极地与他们自身的身体体验相关联，在大脑中迅速构建出与之相关的实体域。这样，一个“易碎的实体”就会很容易地出现，句义就显得更明朗了。

四、空间隐喻

在上面例子中，有一个短语似乎有碍于理解，那就是“get out of bed on the wrong side”。此时，即使通过上述隐喻方法进行思考，也无法理解其正确内涵。这就涉及另外一种隐喻形式，即空间隐喻。空间隐喻是参照空间方位构建而成的一系列概念。人们的一切活动都是在空间中进行的，因此，人类最基本的认知域是空间域。当人们把空间关系投射到空间概念上时，就形成了空间隐喻。在上面提到的“get out of bed on the wrong side”中，人们常说左边、右边、前边、后边，但是结合句子内容，学生可知下床应该是分左边和右边。为什么说“on the wrong side”呢？这就涉及学生对英国文化知识的掌握程度，学生应把词组学习与文化学习结合起来。每个民族都有他们自己的风俗习惯和禁忌，英国是一个守旧又传统的民族，生活中的禁忌自然也很多。英国人相信一个人早上起床如果左脚先着地，是很不吉利的，预示着这一天会有倒霉的事情发生。相应地，这一天的心情也会很糟糕，很郁闷，容易发脾气。如果学生了解这个背景知识，那么就不难理解这个短语了。"get out of bed on the wrong side"的含义是"心情不好，不愉快"，常用于毫无理由而心绪不佳的时候。这样学生不仅增加了对英语文化的理解，而且掌握了该成语的意义，同时还有意无意中地丰富了英语表达法。

隐喻是人们理解和掌握抽象概念的基础，是人的抽象思维能力的重要组成部分。隐喻基于人们对客观世界的理解，是人们对抽象范畴进行概念化的有力工具。在英语教学中，培养学习者的隐喻性思维不仅能使学习者更好地识别和理解语言表达，而且能够促使学习者创造性地运用语言，丰富其语言表现力，提高语言表达能力。

7.2　概念转喻理论

7.2.1　转喻的认知阐释

莱考夫和约翰逊认为，转喻像隐喻一样，不仅构成了我们的语言，而且构成了我们的思想、态度和行为，它以我们的生活经验为基础(Lakoff & Johnson，1980：33-34)。他们将转喻理解为通过与其相关的另一事物对某一事物进行概念化的过程。后来，莱考夫(1987)将其理解为一种 A 和 B 之间的"代表关系"(Stands-for Relations)。这种"代表关系"不仅仅局限于事物名称上的简单替代，它还反映了人们感知和认识世界的一种认知模型。莱考夫认为，转喻模型具有以下特征：

(1)在一定的语境中有一个目标概念 A 需要理解。

(2)一个概念结构既包括了概念 A 也包括了概念 B。

(3)在那个概念结构中，B 要么是 A 的一部分，要么与它密切相关。一般来讲，B 的选择取决于 A。

(4)与 A 相比较，B 更容易理解，更容易记忆，更容易识别，或对理解更有利。

(5)转喻模型是有关A和B在同一概念结构中是如何相互联系的模型。(Lakoff，1987)

转喻要么基于邻近性，要么基于两者之间的相关性。比如，以部分代替整体转喻基于部分与整体的邻近性；以地名代替事件转喻基于地名与在此发生的事件之间的密切相关性。转喻是同一概念结构中两个紧密联系的概念的转移。人们常用转喻来指人、机构和事件，而且这些转喻用法已经比较常规化了。比如：

Washington is insensitive to the needs of ordinary people.

（Washington 用来指代美国政府）

Watergate changed our politics.

（Watergate 用来指代发生在那个地方的一个事件）

雷登（G. Radden）和科威瑟斯（Z. Kövecses）（1999）认为，转喻是在同一理想化认知模型（ICM）中，一个实体（即源元素）为另一概念实体（目标元素）提供心理通道的认知操作过程。

兰盖克认为转喻是用转喻表达的实体作为参照点为所需的目标实体（即实际所指的实体）提供心理通道。（束定芳，2000：199）

所以我们可以把转喻归纳为：

⑴ 转喻是一个概念现象，同隐喻一样转喻也是一种思维模式，是用来组织知识的概念机制。

⑵ 转喻是一个认知过程：转喻被看做构建概念知识的基本心理推理过程。

⑶ 转喻是在同一个理想化认知模型中运行的。理解转喻的关键在于其邻近性。邻近性不单单指现实世界中存在邻近关系，而是指在同一理想化认知模型中存在邻近关系。（李勇忠，2004：65-70）

转喻对于英语教学的意义在于转喻与隐喻一样，是一种思维模式，是人类运用语言的结果。把转喻引入英语教学的目的是培养学习者的转喻思维能力，提高他们的语言表达能力。因此，转喻也是人类抽象思维能力的重要体现。

7.2.2 转喻理论的应用

转喻是词汇多义性产生的主要认知手段之一，转喻在词汇意义扩展中发挥着重要作用。首先，我们看一个转喻在词汇教学中的应用的例子。以英语单词 tongue 为例，根据 *Collins Cobuild Dictionary*，tongue 主要有以下几种词义：

(1) Your tongue is the soft movable part inside your mouth which you use for tasting，eating，and speaking.（舌，舌头）

(2) You can use tongue to refer to the kind of things that a person says.（说话方式，语言风格）

(3) A tongue is a language.（语言）

(4) Tongue is the cooked tongue of an ox or sheep. It is usually eaten cold.（口条，尤指牛舌、羊舌等）

(5) The tongue of a shoe or boot is the piece of leather which is underneath the laces.（鞋舌）

(6) A tongue of something such as fire or land is a long thin piece of it.（火舌；岬）

很明显，tongue 的第一个词义是它的典型词义，其余 5 个义项都是在典型的基础上通过隐喻和转喻派生而来的。“舌头”是人们用于品尝味道、吃食物和说话时要用到的口腔中一个重要部位。基于相关性，“舌头”就派生出了第(2)和第(3)两个义项，其派生过程可以具体描述为：从“舌头”→“舌头的功能”→舌头使用的结果”。而基于象似性，在典型义项的基础上，又通过隐喻派生出了第(4)、第(5)和第(6)三个义项。

在英语中有一系列与 tongue 的转喻意义相关的表达形式，如：find one’s tongue（受惊后能说话了），lose one’s tongue（受惊后不能说话了），the gift of tongue（口才），an eloquent tongue（能言善辩），a sharp tongue（说话刻薄），get one’s tongue round（念（单词）），keep an civil tongue in one’s head（说话礼貌，措辞谨慎），have a loose tongue（话太随便，嘴巴不紧），tongue in cheek（说话时无诚意地；虚情假意地），give tongue（自由表达情感或观点），hold one’s tongue（保持缄默），tongue-tied（羞涩无语的，窘迫无语的）等。

从上面的分析可以看出，基于源元素与目标元素的邻近性或相关性，转喻便开始发挥它的作用了。通过对“tongue”的词义扩展路径的分析，更清楚地了解转喻在词义扩展中所发挥的重要作用。将转喻引入词汇教学，一方面能帮助学习者理解转喻在词汇意义的扩展中所发挥的重要作用，另一方面通过转喻思维能力的培养能拓展学习者的词汇知识，丰富他们的语言表现力，从而提高他们的语言表达能力。

下面以有关教材为例再来分析转喻在教学中的应用。以李观仪主编的英语专业基础英语教材《新编英语教程》（以下简称《教程》）第三、四册中的转喻现象为例。

(1)《教程》第三册第七单元 Text 1　On Not Answering the Telephone 中有一句是：Perhaps you have been indiscreet enough to have your name and number printed in the telephone directory, a book more in evidence than Shakespeare or the Bible, and found in all sorts of private and public places. 句子中的莎士比亚 Shakespeare 为来源域(Shakespeare)，它包含目标域莎士比亚的著作(Shakespeare's work)。

(2)第三册第十单元 Text 1　Keep Class 2 Under Your Thumb 中有一句是：It was all wrong; my mood was all placatory; I was inwardly all white flag. 这里的 white flag 是一种信号(或符号)转喻，表示 accepting defeat completely 的意义，即在一个认知域内部的关系中一个概念代表另一个概念——以最突显的白旗代表接受失败。

有的转喻需要借助特定的语境解读，如：There were certainly fights going on, and I believe one desk was chasing another. The air was full of pieces of chalk, a strange rain of it. 在这个全班打闹成一团的情景中，作者以他眼中最突显的物体——课桌为源域，转喻目标域——手举课桌在教室里到处追赶打架的男孩们，其最终目的还是为了突显目标域：男孩们。这是作者描写他第一次走进 Class 2 的场面，教师有必要详细解释这句话：为什么作者用 desk 而不用 boy；同时也应分析后半句的隐喻 a strange rain of it，让学生切身体会到作者写作的妙处。

另外，同隐喻一样，在感情范畴中，转喻也是倾向于用具体的有关联的事物代替抽象的事物。比如《教程》第三册第十单元 Text 1 中：I felt very pale; I trembled down to Room H; But in cold blood, I could think of no…这几句话都可以看做情感的转喻，作者根据自己生理上的变化——脸变白、身体颤抖、体温下降，对内心感受进行转喻描述，因为在感情和生理特征之间具有原因-结果的关系。学生通过自身对各种感情的体验，加上老师的剖析，自然就学会了怎样欣赏和描写内心感受，这样也摆脱了他们在作文中常用的 I'm very happy; I felt very angry. 等平淡的表述。

《教程》第三册第一单元 Text 1 中：...the cream printed walls had gone a dingy margarine color, except where they were scarred with ink marks... scar(伤疤)本是名词，但在这句中却作动词“使留下伤疤”用，以行动转喻结果，突显了校长本人常常把墨水甩到墙上的邋遢行为。

转喻的实质就是转喻思维，转喻就是转喻思维的结果。转喻对于英语教学的最大启示是要培养学习者的转喻思维能力，以拓展学习者的知识面，提高他们运用语言的能力。

本章参考文献：

[1] Lakoff, George & Mark Johnson. *Metaphors We Live By*. Chicago: The University of Chicago Press, 1980.

[2] Lakoff, G. *Women, Fire and Dangerous Things: What Categories Reveal about the Mind*. Chicago: The University of Chicago Press, 1987.

[3] Langacker, Ronald W. *Grammar and Conceptualization*. Berlin / New York: Mouton de Gruyter, 2000/1999.

[4] Radden, Günter & Zoltán Kövecses. Towards a theory of metonymy. In: Klaus-Uwe Panther & Günter Radden (eds.). *Metonymy in Language and Thought*. Amsterdam/Philadelphia: John Benjamins, 1999. 17-59.

[5] Ungerer, F. & H. J. Schmid. *An Introduction to Cognitive Linguistics*. Beijing: Foreign Language Teaching and Research Press, 2001.

[6] 陈娴. 概念隐喻及其对大学英语教学的启示. 台州学院学报，2009，(5).

[7] 陈建生. 英语词汇教学“石化”消解研究——基于兰盖克语法理论的分析. 西南大学博士学位论文. 重庆，2009.

[8] 丁春岩(主编). 大学体验英语综合教程 1(第二版). 北京：高等教育出版社，2007.

[9] 胡壮麟. 认知隐喻学. 北京：北京大学出版社，2004.

[10] 贾国栋(主编). 大学体验英语综合教程(2)(第二版). 北京：高等教育出版社，2007.

[11] 匡芳涛. 英语专业词汇教学研究——基于范畴化理论的探索. 西南大学博士学位论文. 重庆，2010.

[12] 李观仪主编. 新编英语教程(三、四册). 上海：上海外语教育出版社，2003.

[13] 李荫华等. 全新版大学英语综合教程(4). 上海：上海外语教育出版社，2006.

[14] 李勇忠. 语言转喻的认知阐释. 上海：东华大学出版社，2004.

[15] 孙边旗. 隐喻与大学英语词汇习得. 天津外国语学院学报，2004，(5).

[16] 束定芳. 隐喻学研究. 上海：上海外语教育出版社，2000.

[17] 翟象俊等. 21 世纪大学英语读写教程(第三册)(修订版). 上海：复旦大学出版社；北京：高等教育出版社，2006.

[18] 王寅. 认知语言学. 上海：上海外语教育出版社，2007.

[19] 伍忠杰(主编). 大学体验英语综合教程 3(第二版). 北京：高等教育出版社，2007.

[20] 张汉熙. 高级英语. 北京：外语教学与研究出版社，2005.

[21] 郑树棠等. 新视野大学英语读写教程(第一、四册). 北京：外语教学与研究出版社，2001/2003.

[22] 朱建新. 概念隐喻与外语教学. 外国语文，2009，(12).

第 8 章　图形-背景理论的应用

图形和背景在兰盖克的认知语法中也被称为射体(Trajector)和界标(Landmark)，主要指人们在对周围世界的认知识解时，会对某个现象更关注，对该现象周围的其他现象则会少些关注。用兰盖克的话来说，从印象上来看，一个情景中的图形是一个次结构，它在感知上比其余部分(背景)要“显眼”些，并且作为一个中心实体，具有特殊的突显；情景围绕它组织起来，并为它提供一个环境。语言中的图形和背景与视觉场中的图形和背景存在一定差异。视觉场中的图形和背景往往是具体的实体，而语言中的图形和背景既可以是空间中的运动事件或方位事件中两个彼此相关的实体，也可以是在时间上、因果关系上或其他情况中彼此相关的两个事件。匡芳涛和文旭(2003)是最早研究图形和背景在英语教学中的应用的，之后陆续有文旭、刘先清(2004)，朱厚敏(2005)，刘国辉(2006)，蒋红艳(2007)，高娟、李安华(2008)，杨敏(2009)，沈艳蕾(2010)和泰勒(Taylor)(2007)等人。他们对图形和背景在英语教学中的应用进行了研究，下面将简述一下图形和背景在英语教学中的应用。

8.1　在词汇教学上的应用

泰勒(2007)用图形和背景分析了英语介词的作用，指出英语介词的一个重要作用就是落实图形的具体位置。根据普朗格雷茨原则(the Principle of Pragnanz)，图形是有完形特征(不可分割的整体)的，面积或体积较小，

是运动的或在概念上是可移动的；背景是体积大、面积宽、复杂、时间久远、不突显且具有独立性的物体、事件或思想观点等。

泰勒就举了如下例子：There is a book(F) on the table(G). 例句中F(figure)和 G(ground)分别代表图形和背景。介词 on 落实了图形“书”(book)的具体位置是在“桌子”table 上。但是我们在看到下面的句子时则会感到很不自然——The table(F) is under the book(G). 为什么？根据普朗格雷茨原则：背景一般是体积大、面积宽的，而图形一般是面积或体积较小的，因此人们常说 There is a book on the table 而不说 The table is under the book。这个可以类推到很多类似的介词的用法。我们常会这样说：The person is next to the blackboard(那人在黑板边上)，而不会说：The blackboard is next to the person(黑板在那人边上)。

8.2 在阅读理解教学中的应用

奥苏伯尔(Ausubel)认为，文本本身并没有含义，它仅仅为读者指明一条通往某种含义的道路。读者能否最终达到某种理解，首先取决于读者的认知结构。所谓认知结构指的是读者的背景知识状况，或读者对文段所涉及的背景知识的了解程度。如果读者不具备相关的背景知识，就无法读懂文段；如果背景知识不够充分，就会造成理解上的困难；背景知识同输入信息的错误的结合会导致误解。因此在阅读理解中分析句子时，要选择正确的信息作为背景，才能突显出图形，从而获得所需要的信息。一般情况下，我们都会将熟悉的内容作为背景，不熟悉的作为图形，这样可以突显出想了解的信息。例如：张教授是某大学的知名教授，他负责的学位点远近闻名。某日报记者想拥有采访他的独家报道，几次相约都遭拒绝。经过不断努力，终于获得了一次宝贵的采访机会。这位记者在外采访时曾多次撞见张教授骑着辆银灰色的摩托车并经常停在某一栋公寓旁，只是当时并不相识，后来经朋友打听到张教授的住址。于是在文段中就有了以下两个句子：

(1) A motorbike is near the flat.

(2) The flat is near the motorbike.

从句子结构的表面来看，这两句话表达的是相同的命题，但实际上，它们所蕴含的意义并不相同。根据文章中的语境可以选择不同的参照点即背景，来理解这两句话的意思。在(1)句中，记者将房子当做固定的背景，是确定摩托车方位的参照点。而当时并不知道那就是张教授的住址。很显然在(1)句中 motorbike 是未知的，flat 是记者用于作背景的已知信息。根据“普雷格郎茨原则”，该句子是可以接受的。motorbike 比 flat 小，有一种内包含的关系，而 motorbike 在此时又是突显的对象——这些都符合图形-背景理论的定义性特征和某些联想性特征。而在(2)句中，是将 motorbike 当做背景，是确定公寓方位的参照点。这里的图形则成了 flat，flat 在该句中得到突显，但很明显 flat 大于 motorbike，也就是图形大于背景，这就违背了“普雷格郎茨原则”。但是在该文段的特定语境中，这辆 motorbike 是张教授这位知名人士常骑的，而且经常停在这一公寓旁；这位记者和周围的人都很清楚这一公寓的具体方位，因而该记者向别人打听时就会很自然听到(2)这个句子了。(2)句虽然违背了许多联想特征，但是由于这种特殊语境，在日常生活中我们还是可以接受这样的句子的。因而在阅读过程中我们要善于不断选择不同的图形与背景，结合特定的语境，把握文段的思维进程，从而真正理解文段的语义。

8.3　在写作教学中的应用

在大学英语写作中，句法及词语的选择一直是学生难以把握的一个重要方面。在以往的英语写作练习中，大部分学生都拘泥于传统的写作方式，即按照传统语法一一将中文句子翻译过来，这样就不可避免地导致句法的单一性及选词的狭隘性。我们都知道，在一个简单的及物动词句中，主语是图形，宾语是背景，动词表示两者之间的关系，句法中突显的部分一般是主语；在写作中选择不同的部分做图形，就是选择不同的主语，其结果便会产生不同的句法结构。例如，在日常生活中我们认为是背景的部分，也可以成为主语：

(1) The pool is swarming with children.

(2) The cup is filled with milk.

(3) There is a great garden.

(4) The cat is crowding with fleas.

以上句子中的主语部分都被可以充当背景的词代替，如 pool，cup，cat 等。这些词作为突显的图形被放在主语的位置。由此可见，在实际语句中情景或行为的任何部分都可以成为突显的部分，从而充当主语。只要在合适的语境中，这些不常用的表达方式也是可以接受的。因此，句法的选择可以折射出我们观察事物的不同角度。注意力集中的程度或考虑的角度不同，会导致选择不同的图形。运用到写作教学中，就是学生在描写同一事物时，也会由于他们想突显的内容不同而选择不同的主语，从而达到不同的效果。我们来看下面这两段例文：

(1) Jane has a very lovely dog. The dog was bought by her sister. It was very expensive. And it was one of the favorite pets. Unluckily, the dog was stolen one day.

(2) Jane's sister bought her a lovely dog, which was expensive. She regarded the dog as her baby. Unluckily, the dog was stolen one day.

这两段例文看似大同小异，但在第一段话中，作者的注意力始终集中在这只狗身上，一直以 dog 作为图形(主语)，这样使得文章的内容从形式上来看缺乏变化，显得有些单调乏味。而在第二段话中，我们明显可以发现作者的注意力在 Jane 和 dog 中交替，图形也在 Jane 和 dog 之间变化，这样，文章就显得更富感情色彩，也流露出 Jane 对 dog 的溺爱。从句法的选择上我们可以看出不断变换图形或背景，有助于使文章内容更生动。对读者而言也便于他们随着语境的推移更快抓住文章的主题。因此在写作时，学生应根据不同的场景，适时地锁定或转换句型。这样写出来的作文就不会单调，且内容也很连贯紧凑。

8.4 在翻译教学中的应用

8.4.1 在简单句翻译中的应用

图形-背景理论认为，语言形式反映了人观察事物或事件时的不同视角和所强调的部分，这个视角和所强调的部分就是我们翻译句子时的切入点，也是保证翻译能保持原汁原味的关键所在。我们来看下面一个简单句：

取而代之的是一栋高过一栋的公寓楼。

读到这个句子时，我们的脑海中就会浮现出一栋栋的高楼。根据图形-背景理论，首先被感知的部分就是图形，而其他细节则是模糊的，其中未分化的部分就是背景。在这幅图画中，背景可能是车水马龙的商业区，也可能是风景宜人的海滩浴场，但由于其细节模糊且尚未分化，所以就没有得到突显。图形与背景的确定为我们的翻译起到了很好的导向作用。apartment buildings 就是句子中需要突显的部分，即句子中的主语，应放在句首；each one taller than the next 则成为此句的背景，即句子的状语；大多数学生都会想到用 took their place 作为句子的谓语。至此，这句话的翻译也就水到渠成了：

Apartment buildings, each one taller than the next took their place.

看到这个英语句子，学生脑海中浮现出的图画就与汉语句子中的图画相吻合，即一栋栋的高楼出现在我们的眼前。这样的翻译就能和原句相吻合。

我们再来看下面这个句子：

你买这架照相机花了多少钱？

翻译这个句子时会出现下面两种句式：

(1) How much did you pay for this camera?

(2) How much money did this camera take you?

那么，哪个翻译更地道，更能体现汉语句子原有的味道呢？我们先来看原句。原句是“你买这架照相机花了多少钱”。看到这个句子时，读者脑海中浮现出的“你”从钱包里拿出现金或银行卡交给售货员的图画，而在这幅图画中最先引起读者注意的就是“你”从钱包中拿出钱或银行卡这一部分，即这幅画的图形。确定了图形之后，pay 与 take 的选择问题就可以迎刃而解了。pay 强调的是支付的动作，而 take 强调的则是拥有的状态。这样，How much did you pay for this camera? 这个翻译就更能表现出这幅画的图形。

8.4.2 在复合句翻译中的应用

复合句的翻译也同样能运用图形-背景理论。根据塔尔密(Talmy)对复合句中的图形和背景的分析，其主句和从句代表了时间、因果或其他类型的关系中的两个事件，分别充当图形和背景。在表示时间顺序的复合句中，人们总会遵循顺序的原则，即在允许的表达方式中，从句的动作一般是较早发生的，通常被作为背景；而主句的动作一般是较晚发生的，通常被作为图形。如：

She departed after he arrived.

又如下两句：

(1) He dreamt while he slept.

(2) *He slept while he dreamt.

在句(1)中从句具有背景的功能，主句具有图形的功能。一般是睡觉后才做梦的。在日常生活中，就很少用句(2)。

我们再来看下面一个句子：

当爱丽丝的妈妈生病时，她同她的姑妈住在一起。

读者看到这个句子时，大脑里会主动为这两个事件排序：爱丽丝的妈妈先病倒，之后爱丽丝同她的姑妈住在一起。根据图形-背景的顺序原则，较早发生的事件通常会被作为背景，即从句；而较晚发生的事件则通常会被作为图形，即主句。换言之，在整句话所表示的图画中，“爱丽丝同她的姑妈住在一起”这一部分会最先引起读者的注意，会突显于整幅图画之上，成为图形；而“当爱丽丝的妈妈生病时”这一部分由于其细节是模糊的，是尚未分化的，所以就成为了背景，句子的翻译在此时也就水到渠成了：

Alice lived with her aunt when Alice’s mother was ill.

8.4.3 在段落翻译中的应用

段落是由句子构成的，所以对段落进行翻译也应从对句子进行翻译做起。然而，对段落进行翻译与对句子进行翻译的区别在于：段落代表了连续发生的一连串事件的图画，其中包含了不同的图形和背景；而句子则是单一的图画，只包含单一的图形和背景。因此，在对段落进行翻译时要注意不断变换图形，使翻译出来的作品富于变化并生动有趣，从而避免图形的单一和乏味。如：

丽贝卡有一顶非常漂亮的帽子，是她姐姐买给她的。这顶帽子很贵，是她最喜爱的帽子。可是很不幸，一天这顶帽子不见了。

我们来看两种译文：

译文一：Rebecca has a very beautiful hat. The hat was bought by her sister. It was very expensive. And it was one of her favorite hats. Unluckily, the hat was stolen one day.

译文二：Rebecca's sister bought her a very beautiful hat which was expensive. She loved the hat most. Unluckily, the hat was stolen one day.

这两段译文大同小异，都传达了原文的基本思想。但前者的图形即主语以 hat 为主，缺少变化，单调乏味；而后者的图形即主语在 Rebecca 和 hat 之间不断地交替，所以其译文就显得生动且有变化，同时读起来也富于感情，充分流露出 Rebecca 对 hat 的喜爱。因此，运用图形-背景理论来指导高校的翻译教学，应着重培养学生在线性句子中构建其立体图画的能力。一旦学生在自己的大脑中建立起了这种图形-背景模式，学生在语言转换的过程中就能较好地把握住观察原句的角度，进而保证其翻译能保持原汁原味的状态。

8.5　在语法教学中的应用

8.5.1　在主被动句中的应用

章振邦的《新编英语语法教程》是高等学校英语专业用得较多的教材。该书对英语的主动语态和被动语态有以下的描述：语态(Voice)，简称“态”，是个语法范畴，它表示主语和谓语动词之间主动或被动关系的动词形式。英语动词有两种语态：主动态(Active Voice)和被动态(Passive Voice)。当主语是施动者时，随后的动词用主动态；当主语是受动者时，随后的动词使用被动态。英语动词的主动态是没有语法标记的，而被动态则是有标记的，通常是由助动词 be 的一定形式加及物动词的-ed 分词构成，即 be 型被动态。例如：

(1) Millions of people play baseball in the United States.

(2) Baseball is played by millions of people in the United States.

(3) The Dodgers beat the Yankees.

(4) The Yankees were beaten by the Dodgers.

由主动态动词作谓语的句子叫做主动句(Active Sentence)，如上面的(1)、(3)两句；以被动态动词词组作谓语的句子叫做被动句(Passive Sentence)，如上面的(2)、(4)两句。主动态和被动态属于词法问题，而主动句和被动句则属于语法问题。(章振邦，2000)

转换生成语法的创始人乔姆斯基认为主动句和被动句是由相同的深层结构转换而来的不同的表层结构，认为语态的转换仅仅涉及语句结构的变化和言语风格的变异。而传统的语法学家也认为主动句和被动句只是句子形式的不同，在语义上没有什么区别。但是认知语法认为主动句和被动句不但是句子形式不同，而且在语义上也有区别。

认知语法认为在英语中正常的角色调配(Canonical Alignment)是选择实施者(Agent)作为图形，而把受事者(Patient)作为背景。但是由于要突显的东西不同，英语中可有不同的选择方式：①可选择被动语态；②可选择用详细程度(Specificity)；③可选择用非人称用法。所以我们说被动结构的基本作用是使施事者不处于聚焦中心(Spotlight)，不成为焦点突显，不成为图形，而是把受事者调配为焦点突显，成为图形。例如：

Soldiers destroyed the village.

在此句中，突显的是施事者 soldiers 即图形；而如果我们是突显受事者(village)，则句子就变成了被动语态：

The village was destroyed by soldiers.

再看下面句子：

(1) The refugees have seen some traumatic events.

(2) The refugees have witnessed some traumatic events.

在这两个句子中，目击者(Perceiver/Viewer)成为图形，事件成为背景，是英语句型的正常角色调配。

(1) She mailed a package to her daughter.

(2) She mailed her daughter a package.

按传统语法，经常把上面两句看成是意义相同的句子。但是从认知语法的角度看它们的意义是不同的。在句(1)中 a package 是背景，而在句(2)中 her daughter 是背景，而句子中的背景也是次要的焦点突显，因此这两句的焦点突显程度是不一样的。这一点在主动语态时不大看得出来，如果我们把它们变为被动语态，区别就显而易见了。

(1) A package was mailed to her daughter by her.

(2) Her daughter was mailed a package by her.

句(1)中的 A package 和句(2)中的“Her daughter”分别变成了图形，可以看出这两句着重的地方明显不同：一个突显包裹(package)，一个突显女儿(daughter)。因此，从认知语法的角度看，英语主动态和被动态反映的不仅是不同的句子结构，更反映了人们从不同认知角度对现实世界现象的认识。

因此主动句变为被动句，它是通过原图形和背景的对换，使无标记句式变成有标记句式来实现的。它把过程化的事件表达成状态化的事件，突显了受事者，表达受事者受外力影响而形成的状态。很明显，选择不同的句型，会突显不同的图形，反映不同的认知过程。人们具体会采用主动还是被动句式，是由他在表达中想要突显的图形决定的。

8.5.2　在 it 强调句中的应用

我们知道图形是所要描述的对象，在认知上较为突显；背景是其环境，在认知上不太突显。就句法结构而言，在一个简单的 SVO 或 SVC 句式中，主语是图形在语言中的现实化，宾语或补语是背景在语言中的现实化，谓语是用来表示两者之间的中间环节。

从语言结构上来看，在 it 强调句中，“it is/was+强调部分”是主语，“that+从句部分”是宾语或补语；从图形-背景理论来看，“it is/was+强调部分”是图形，“that+从句部分”是背景。通过这样一种结构，it 强调句的主语首先引起了听者对图形的注意，从而让听者根据语篇的语境建立起一个认知参考点；当背景接着出现时，它起到的是衬托的作用，该图形在背景中的最终情况就被放到了焦点位置。

下面让我们看几个具体例子。

1. 强调原陈述句的主语

(1) The early bird catches the warm.

(2) It is the early bird that catches the worm.

该例描述的画面是："鸟捉虫。" early bird 是原陈述句的主语，是整个画面的图形，而 catch 这个动作是中间环节，连接了 worm 这个宾语即背景。改为强调句之后，主语一下子引起了读者的注意，"鸟"这个图形被更加突显地表现出来，而背景的衬托使听者进一步聚焦于图形。

2. 强调原陈述句的宾语

(1) I gave water to the dog.

(2) It was the dog that I gave water to.

该例描述的画面是："我给狗喂水。" I 是原陈述句的主语，是整个画面的图形，give water 这个动作是中间环节，连接了 dog 这个宾语，即背景。改为强调句之后，原来的宾语 dog 被置于主语的位置，成了画面中的新图形，一下子就引起了读者的注意，而原来的主语"I"则成为了背景，"dog"这个图形被更加突显出来。

3. 强调原陈述句的宾语补足语

(1) They have painted the kitchen dark green.

(2) It is dark green that they have painted the kitchen.

该例描述的画面是："他们将厨房涂成了深绿色。" They 是原陈述句的主语，是整个画面的图形，paint 这个动作是中间环节，连接了 kitchen 这个宾语以及 dark green 这个宾语补足语，即背景。改为强调句后，原来的宾语补足语 dark green 现在被置于主语的位置，成为了画面中新的图形，一下子吸引了读者的注意，原来并不重要的宾语补足语由于词序的变化放到句首的位置后得到了突显，而其他成分则作为背景对它进行了衬托。

4. 强调原陈述句的状语

(1) He is disliked because of his dishonesty.

(2) It is because of his dishonesty that he is disliked.

该例描述的画面是："他由于不诚实而不受欢迎。" He 是原陈述句的主语，是整个画面的图形，dislike 这个动作是中间环节，because of his dishonesty 是原因状语，说明的是他不受欢迎的原因，是衬托的背景。改为强调句后，原来的状语现在被置于主语的位置，成为了画面中新的图形，一下子吸引了读者的注意；他的情况——不受欢迎，是对图形的衬托，充当了背景的作用。状语置于句首，得到了突显，图形的焦点被进一步强化，达到了强调的目的。

作为普通陈述句的变体，it 强调句通过词序的变化，将需要强调的部分置于句首主语的位置，成为画面中突显的图形而吸引读者的注意力，从而确立了图形的核心地位，满足了人们对焦点信息的需要，遵循了人类的认知规律，放映了认知结构和认知过程。

本章参考文献：

[1] John Taylor. *Ten Lectures on Applied Linguistics by John Taylor*. Beijing: Foreign Language Teaching and Research Press, 2007.

[2] 高娟，李安华. Talmy 图形-背景理论概述. 文教资料，2008，(6).

[3] 蒋红艳. 英语被动句的图形-背景化分析. 湘潭师范学院学报，2007，(5).

[4] 匡芳涛，文旭. 图形-背景的现实化. 外国语，2003，(4).

[5] 刘国辉. 图形-背景空间概念及其在语言中的隐喻性表征. 外语研究，2006，(2).

[6] 沈艳蕾. 图形-背景理论与高校汉英翻译教学. 教育探索，2010，(7).

[7] 文旭，刘先清. 英语倒装句的图形-背景论分析. 外语教学与研究，2004，(11).

[8] 杨敏. 图形-背景理论对英语语法教学的启示. 社科纵横，2009，(2).

[9] 章振邦. 新编英语语法教程. 上海：上海外语教育出版社，2000.

[10] 朱厚敏. 试论图形-背景理论及其应用. 邵阳学院学报(社会科学版)，2005(3).

第9章 语料库的应用

在探讨了认知语言学理论的一些应用后，本章将讨论语料库在英语教学中的应用。在这方面现在已有很多实例，如甄凤超和卫乃兴(2005)，谢艳红、潘宇平和张玉婷(2010)，何淑琴(2010)等。下面结合同仁们的研究成果与笔者的一些实践谈一下语料库的应用。

9.1 在语法教学中的应用

利奇(Leech)(1997)首先提出了用语料库来教学的思想。一旦学生掌握了必备的语料库知识和技巧后，语言学习活动将变成以学习者为中心。"用语料库来教"意味着采用基于语料库的方法来教授与语言或语言学学科相关的课程，使学习者从所谓的"数据驱动学习"(Data-Driven Learning，简称 DDL)即探索性学习中获益。就基于语料库的语言教学而言，传统的3P 教学模式(即 Presentation, Practice, Production)未必合适，而具有探索性的 3I 模式(即 Illustration, Interaction, Induction)可能更为适用。Illustration 指学习者观察真实语料；Interaction 指学习者讨论并分享在语料中的发现；Induction 则指学习者针对某个语言点归纳出自己的规则，而这样得出的规则将在随后观察更多语料的基础上逐步加以完善。(转引自肖忠华，2010)

约翰斯(Johns)也将数据驱动语言学习的过程分为三个阶段：提出问题(Identify)、材料分类(Classify)、归纳总结(Generalize)。提出问题，就是提出需要进行学习的目标语言结构，它可以是一个词、词及其附加语法特征、一个语法范畴、一个短语，甚至句法结构。下面将结合这三个阶段，以 that 引导的同位语从句和定语从句的区别这一语法现象为例，阐述数据驱动学习模式在语法教学中的应用。

在英语学习过程中，学生往往难以区分 that 引导的同位语从句和定语从句。因为这两种句式的语法形式非常相似，都包含 noun + that 这一结构。将语料库引入课堂教学可以很好地解决这个问题。教师可以给学生布置这样一个学习任务：观察语料库中的索引行，找出两种从句的区别。学生带着问题有目的地学习，既提高了学习积极性和学习效率，也使他们对语料库的应用有了非常直观的了解。

提出问题之后，需要搜集语料并对其进行分类。在 DDL 中，语料的获得可以使用语料库检索软件如 Wordsmith、MicroConcord 等，从本地语料库中提取，也可以对网络语料库进行在线检索。常用的检索手段是词语索引(Concordance)。依据不同的语料库、检索工具和学习目的，检索时可以给出关键词，在 KWIC(Key Word in Context)栏检索，也可以根据附加的语法特征进行检索。下面显示的是从英国国家语料库(British National Corpus，BNC)网络语料库中搜索同位语从句和定语从句而获得的部分索引行。由于检索得到的同位语从句和定语从句的原始索引行很多，而且我们希望把同一类从句放在一起以便观察，因此，教师在课前要对索引行进行分类、编辑，把同位语从句(1—8)和定语从句(9—14)分类并集中放在一起，在课堂上展示给学生。如：

(1) We measure it's success in the fact that people actually do use the building

(2) I think it's the word entitlement, the fact that it's anybody's right to have this right.

(3) I can form sentences in a way that people do understand me.

(4) so he has the idea that people might just be rather grumpy or…

(5) based on the assumption that people are rational beings who

(6) "An Essay on Woman" rejects the belief that women are soft and incapable.

(7) There is now considerable evidence that children are able to distinguish between…

(8) Of your age, what are the kind of things that people might be involved?

(9) That's one of the things that you don't know about.

(10) …is that you have to ask the questions that people are interested in…

(11) "It's not the sort of time that people generally call," "It's not."

(12) The there's only half a dozen people that a real lowed annual rights to

(13) I think people are settled on the changes that have been made, and want to…

(14) …whether that was something that you were looking for, …

最后一步是归纳总结，这是数据驱动语言学习模式中最重要的一部分。在教师的引导下，学习者通过对分类后的语言学习材料进行观察、理解、研究和归纳，找出某种语言现象的规律。

教师可以让学生以小组为单位，根据设定的指令来完成一系列任务，从而总结出同位语从句和定语从句的区别。

任务如下：

(1) 观察同位语从句(1—8)，并分析 that 后面的从句结构。

(2) 对比定语从句(9—14)中 that 后面的句法结构，总结出两种从句在结构上的不同之处。

(3) 分析 that 在(1—8)和(9—14)两组句子中的句法成分和语法功能。

(4) 找出两组句子中的先行词，并分析同位语从句和定语从句中的先行词的词性以及特点。

(5) 进一步分析理解两组句子，然后每组派一名学生归纳两者的区别。

(6) 仿写若干同位语从句和定语从句。

在完成任务的过程中，学习者相互合作，共同协商，总结出两种从句的诸多区别。比如，在同位语从句中，that 后面连接的是一个完整的句子，that 在从句中不作任何句法成分，只起连接作用；而在定语从句中，that 后面不是一个完整的句子，要么缺主语，要么缺宾语或表语。此外，同位语从句中的先行词是名词，且主要是抽象名词，如 fact，view，idea 等；定语从句中的先行词既可以是抽象名词，也可以是具体名词，甚至是代词。

通过这种教学方法，既能提高学生的语法意识，又能培养学生自主学习的能力。

9.2　在词汇教学中应用

在英语词汇教学过程中，目的语中有不少词汇有不同的语义和用法，某些特别的用法在词典上没有解释或解释很少，或者有解释但强调不够。学习者从词典或工具书中只是学到了一些基本的语义和用法，对于某些特别语义却不了解，或者没有注意到。因此，在语言输出过程中就会想当然地使用，结果往往会受到汉语的影响而出现汉语负迁移现象。

例如 cause 一词作动词时学习者容易忽视它的特殊语义“导致”，在使用时一般不考虑其后所接的名词宾语是积极意义还是消极意义，导致出现使用不恰当的情况。请看下面的句子：

Although economic improvement may be caused by tourism, the investment and operational costs of tourism must also be considered.

这句话初看似乎没问题，但是 cause 和 improvement 这样的搭配在英语里是不恰当的。中国学习者为什么会出现这样不恰当的搭配？cause 是中学英语词汇，学习者很早就接触了 cause 这个词。初中英语课本对 cause 作动词时的意义解释仅仅是“引起，使发生”，没有更多的解释和说明。我们再看几本常用词典对 cause 作动词时的释义：

(1) *Oxford Advanced Learner's Dictionary of Current English* (p. 133)

cause：*vt*. be the cause of; make it happen

(2)《牛津高阶英汉双解词典》(p. 214)

cause：*vt*. cause sth. (for sb.); be the cause of (sth.); make it happen

造成(某事物)；使发生

(3)《朗文英汉双解词典》(p. 200)

cause：*vt*. lead to；be the cause of

导致；称为……的原因；使发生

(4)《新时代英汉大词典》(p. 347)

cause：*vt*. 1. 成为……的原因；使发生；引起，造成；给……带来；

2. 使，促使。

上述词典在解释 cause 作动词时的意义时，使用汉语“导致”和“造成”，均隐含“造成不良结果”的意思，但是没有明确说明 cause 一词后面表示结果的名词一般具有消极意义，所以 cause improvement 这样的搭配是不恰当的。由此看来，中国学习者误用动词 cause 的根源在于学习过程和教材、词典。教材、词典用汉语“引起，使发生”来解释 cause，而汉语的“引起，使发生”产生的结果是中性的，后面的名词可以表示积极的结果也可以表示消极的结果。这样一来，以汉语为母语的中国学习者一看到汉语词“引起，使发生”，就会立刻想到 cause，全然不顾引起的结果是积极的还是消极的，最终产生了 cause improvement 这样不恰当的搭配——这是典型的汉语负迁移现象。

我们用布朗(Brown)语料库查询 cause 作动词的用法，共查出 cause 的索引行 222 条。cause 作动词且带名词宾语的共 91 条，其中绝大部分宾语有明显的消极意义。以下是其中的 20 条：

(1) before segregated theaters causes a drop in profits'

(2) The impact with the utility pole caused a brief power failure in the immediate area.

(3) other mistakes in spraying had caused serious damage in Ohio and Wyoming.

(4) intellectual elite which might cause unrest. When the Congo received its independence

(5) erratic nature of Patrice Lumumba caused constant problems—he frequently announced

(6) both '? ? Military power does not cause war; war is the result of mistrust and lack of

(7) not shrink with the clay and would cause breakage. Let all projects dry slowly

(8) with metal or other hard material, causes over heating of the tool and burning of the

(9) the woman lies on her back may cause a great deal o f distress in a virgin.

(10) police said, "that her escapades caused distrust".

(11) during the last several decades has caused more tension, rancor and strife

(12) before the crime that could have caused such a murderous rage. She had

(13) Miss Packard 18 years earlier had caused them great sorrow, but they still.

(14) the user of physical jiu-jitsu, to cause the attacker to lose his moral balance.

(15) coupled with unsuitable clothing, caused individual irritation that was compounded

(16) business with; it was the clerks who caused the mischief and who made him say that

(17) the potential of initial outbreaks to cause widespread damage; (C) quicker and

(18) over which these skywave signals may cause interference to the signals o f stations

(19) solar radiation is not expected to cause sizable errors in the measurements

(20) the surface atoms of the dust and cause a slow diminution in size, with a

从语料库检索结果看，cause 后面接的主要是 damage, unrest, breakage, distress 等具有消极意义(Negative Meaning)的名词宾语。类似有关 cause 的例子还有很多。在词汇语义的教学过程中，教师应该注意多使用语料库，观察英语词汇在真实语言环境中的使用情况，结合汉语知识，分析词典释义的不足和可能产生的误导，并在教学中预知学生可能出现的错误，然后特别提醒学生注意。当然，如果我们能够在词典编纂、教材编写过程中多参考语料库，明确说明 cause 的搭配特点，使汉语释义更加科学、严谨，那么效果就会更好，就能预防或者减少由负迁移造成的类似错误。

再举个例子，当看到英语动词短语 lead to 后面跟名词 development 时，有学生就会认为有错。学生认为，lead to 对应的汉语应该是“导致”，而汉语“导致”一词后面表示结果的名词往往具有消极意义，因而 lead to 和 development 不能搭配使用。类似这类问题，我们也可以利用语料库来解决。

我们查询了英国国家语料库(BNC)关键词(KWIC)索引，得到 5197 条 lead to 索引行，每次可以看到随机选出的 50 条 lead to 的索引行。经过整理，选出如下例子进行讨论，分析 lead to 是否能与 development 搭配使用。(限于篇幅我们选出 30 条)

(1) Some parents were very worried that more integrated settings would lead to lack of attention for children with special needs.

(2) Unsuccessful affairs could lead to personal disaster.

(3) He was very concerned that the integration of the races might lead to violence and public disorder on a large scale.

(4) Inadequate planning will lead to failure...

(5) But it is also a psychological fact that immediate satisfaction can lead to disgust.

(6) Restricting car access does not necessarily lead to a loss of trade.

(7) Here is a case where digitisation, which has so much to offer the historian, could actually lead to a deterioration in the nature of the source material available.

(8) Since they are not produced by the body, we must get them from our diet and a deficiency in one can lead to an impairment in others.

(9) They are right to do so, because it can lead to serious problems if it persists.

(10) It's lead to chronic lung damage.

(11) The business is constantly engaged in negotiations which may or may not lead to a contract.

(12) Obstacles or hindrances to combining both responsibilities will lead to a search for an alternative solution.

(13) Now, these two views of human nature, the pessimistic, as I'm calling it, and the optimistic lead to two different views of the child...

(14) Maybe we could put together a questionnaire which would eventually

lead to a data base of resources.

(15) A full examination of the application will lead to an informed choice, and optimum performance.

(16) The other notable consequence is that these changes can lead to alterations in the distribution of population between places.

(17) Data derived from the interviews will lead to analysis of the various perspectives…

(18) Such groups can lead to valuable exchanges of feelings and knowledge between the generations.

(19) These are the cases which lead to two offspring with red eyes and one with white.

(20) Either of these looked like a possibility and both were tried: but whichever course was being followed seemed to lead to closer and closer involvement.

(21) It was also felt that the system proposed in the final user requirement would lead to improvements in the working conditions in the Registry.

(22) Properly used, it seems to me that quantitative methods can only lead to advances in our subject.

(23) This should lead to a better quality of grape in the following season.

(24) Any revaluations of commercial properties could inevitably lead to an increase in their total tax bill.

(25) I believe that this would lead to a better service and improved facilities for the public.

(26) Although the techniques for these are not available at present, recent continuing advances in the field of molecular biology and tumour suppressor gene research might lead to some benefit with gene therapy in the future.

(27) The normalisation process may well lead to an increase in the number of entities in the model.

(28) …is most likely to lead to their achievement.

(29) If symptoms and cognitive function were not dissociable then clozapine, noted for improving symptoms, should also lead to improvements

in cognitive function.

(30) Social changes, such as an increase in the number of divorces, may lead to a growth in the demand for more, but smaller, houses or flats, and place extra demands upon child-care services.

从以上例子我们可以看出，lead to 后面的名词有三种情况：

(1) 名词宾语有些是消极的，如 disaster, damage, impairment, disgust, deterioration, loss, disorder 等词；

(2) 有些是中性的，如 views, data base, choice, analysis, exchanges, alterations 等词；

(3) 但也有不少具有积极意义的名词短语，如 growth, improvements, achievement, benefit, better service, advances, better quality 等词。

利用语料库我们验证了动词短语 lead to 可以与具有积极意义的名词宾语搭配的假设。

由此，我们认为辅以语料库进行英语教学可以更好地激发学生的学习主动性，更利于做到在教学中以学生为中心，让学生在教学中主动学习、主动参与，构建自己的知识体系。因此语料库驱动学习既能提高学生的学习积极性和自主学习能力，也鼓励学生独立思考，敢于质疑，帮助学习者培养观察目标语的语言模式并归纳总结此模式的用法。它对学生的语言学习过程有相当大的影响，是提高学生语言运用能力的一种有效方法。

本章参考文献：

[1] Gray, Arley (美)，Della Summers (英)，谢文英，何欣际. 朗文英汉双解词典. 北京：外语教学与研究出版社，1992.

[2] Hornby, A. S. *Oxford Advanced Learner's Dictionary of Current English (Revised and Updated)*. Oxford: Oxford University Press, 1974.

[3] Johns, T. Data-driven learning: An Update. *TELL & CALL*, 1993, (2).

[4] Leech, G. Teaching and language corpora: A convergence. In: A. Wichmann, S. Fligelstone & A. McEnery. et al (eds.). *Teaching and Language Corpora*. London: Longman, 1997. 1-23.

[5] 何淑琴. 语料库在英语词汇习得中的作用. 安阳师范学院学报，2010, (6).

[6] 牛津初中英语(8A). 北京：译林出版社，2007.

[7] 牛津高阶英汉双解词典(第四版增补本). 北京：商务印书馆；牛津大学出版社，2002.

[8] 肖忠华，戴光荣. 语料库在语言教学中的运用——中国英语学习者被动句式习得个案研究. 浙江大学学报(人文社会科学版)，2010，(6).

[9] 谢艳红，潘宇平，张玉婷. 数据驱动教学语法——二语语法教学的新视角. 牡丹江教育学院学报，2010，(4).

[10] 甄凤超，卫乃兴. 语料库数据驱动的外语学习：思想、方法和技术. 外语界，2005，(4).

[11] 张柏然. 新时代英汉大词典. 北京：商务印书馆，2004.

附　录

英汉“心”的语义差异的文化理据

黄剑平

(浙江衢州学院 外国语学院，浙江 衢州 324000)

【摘　要】一直以来对英汉“心”的语义差异研究较多，但都忽略了对其引起语义差异的理据研究。通过对汉语、英语哲学文化对心认知的历时对比研究，认为：汉语的“心”既有思维义又有情感义，而英语的“heart”几乎没有思维义，只突显情感义。它们的语义差异的文化理据是英汉传统哲学、文化对心的认知理解的差异。在英语“heart”语义中，情感义是主要的、较突显的，因为思维义被表示跟头或脑有关的“mind”取代了，所以在英语“heart”义项中只留下了情感义，因此其情感义就突显了。

【关键词】心；文化理据；哲学文化；思维义；情感义

Researches on Cultural Motivation of Different Senses between English Heart and Chinese Xin “Heart”

Huang Jianping

(School of International Studies, Zhejiang Quzhou University, Quzhou 324000, China)

Abstract: Cognitive researches have all along focused on the different senses between English heart and Chinese Xin "HEART" and ignored the motivation. Based on the diachronic comparative study of cognition of "HEART" between Chinese and English philosophy and culture, it argues that the Chinese Xin "HEART" conveys both senses of EMOTION and senses of THINKING, while the English "heart" profiles the senses of EMOTION, hardly conveying the senses of THINKING and it emphasizes that the cultural motivation of different senses is that the different cognition of "HEART" between traditional Chinese and English philosophy and culture. The reason why English "HEART" profiles the senses of EMOTION, hardly conveying the senses of THINKING is that the senses of THINKING are most conveyed in English by mind relating to head and brain.

Key words: heart; cultural motivation; philosophy and culture; senses of THINKING; senses of EMOTION

一、问题的提出

汉语中的“心”是一个历史悠久且较有特色的词。据《汉字信息字典》[1]统计：“心”的使用频率是 1.6382%，频级为 1 级。“心”的构词能力等级是最高级 6 级。《汉语大词典》[2]和《常用构词字典》[3](逆序部分)共收录以“心”为语素的词语(包括成语)751 个。《汉语惯用语词典》[4]收录有关“心”的惯用语句 39 条，《歇后语大辞典》[5]收录含有“心”的歇后语 298 条。“心”还是一个部首字，以“心”为部首的字多达数百个。不难看出，“心”以词、语素、部首三种形式活跃于我们的语言文字中，且占据着相当重要的位置。因此国内外有许多学者对其进行了研究，如：王文斌[6]对汉语“心”的空间隐喻作过研究；齐振海、覃修贵[7-8]从英汉对比角度对心的空间隐喻作了进一步的探讨；卢卫中[9]讨论了重要人体词的认知情况，其中包括英汉语之心；张建理[10]则从词汇学和认知语义学角度对汉语“心”的整个多义网络作过深入调研；侯玲文[11]对汉语“心”义的文化内涵进行过探索；Ning Yu[12]也对汉语“心”从文化和认知方面进行了较深入的研究。张建理[13]对英汉“心”进行了详尽的语义对比研究。他应用现代汉语和现代英语的有关语料从思维义、情感义、实体义三方面对英汉“心”的语义进行了对比研究。他认为“心”有以下语义：

(1)思维、思想、想法。即人类所特有的在表象、概念的基础上进行分析、综合、判断、推理等认知活动的过程与结果。(2)意念、愿望。心的“思维，思想”义可转喻为做某事的意念、愿望，类似于注意力、目的性。(3)正理、良知。心的“思维、思想”义可转喻为个人对社会事件的看法和评价，而这种看法和评价又受制于公众舆论，即符合社会规范的想法或社会道德准则，亦即正理、公理，也就是个人的良心。(4)勇气、胆量。人在面临危险、痛楚和不幸时会表现出克服恐惧的精神力量，这种精神力量即为勇气。(5)情感。情感具体指喜欢、愤怒、悲伤、恐惧、爱慕、厌恶等。这些情感还可以进行归并：喜欢和爱慕属同一范畴，如深度的喜欢即爱慕；愤怒和厌恶也可认为属同一范畴；进一步的愤怒即厌恶；恐惧的反面可以是平和。(6)情谊。情感、情绪、心情是不稳定的、易变的。将这一概念进一步引申则会产生下列概念：较长期的人际情感关系，即情谊、友情。(7)珍爱物。(8)各种实物。一般与中空的、有容积的物体有关。(9)内心、心底。相对于外在可触及的躯体，心处在躯体内部，看不见摸不着。(10)中央(物体的中心、中央部分，事物的核心、要旨)。心在人体内，如以空间来隐喻人体，则心处在空间的中央。这是一种方位隐喻。(11)心形物。心的外形是上大下尖的，因此它可以被隐喻成有类似外形的物体。

之后张建理对英汉“心”的各义项进行了分类对比，他先把心的义项归为三大类，义项(1—4)归类为思维义、义项(5—7)为情感义、义项(8—11)为实物义。其后对各义项进行对比，尤其对英汉“心”的思维义、情感义进行了对比。他指出思维义、情感义和实体义都有很高的能产性，而英语中“heart”的情感义是其主要义项。在 *Oxford English Dictionary*[14]中，“heart”有 30 个义项，但在转喻义方面只列有情感义(the Seat of Feeling)，占总义项的 30%；而思维义要么归入情感义，要么分散在其他义项中。另外，在 *Longman Dictionary of Comtemporary English*[15]的“heart”加缀和合成派生词中，含情感义词占 65%(如 heartache, hearten, heartless, hearty, heartsick)，包括不少本义在内的其他义词仅占 35%，思维义词几乎没有。这说明在英语“heart”义中，情感义是主要的、突显的。此情感义的文化理据可能是英语族人受基督教的虔诚、奉献、博爱的影响。虽然英汉语均有思维义，但汉语此义的能产性大，使用频繁。英语中“heart”的思维义只表现在有限的几个词组中。事实上很多原版英语词典在“heart”条中并无思维义。

那么为什么汉语的“心”思维义那么能产，而英语的“heart”几乎没有，他们语义差异的文化理据在哪里？而英语“heart”义中，情感义是主要的、突显的。此情感义的文化理据真的是因为英语族人受基督教的虔诚、奉献、博爱的影响吗？张文没有作进一步的解析，因此我们认为有必要对这两个问题进行探讨。我们假设英汉心的语义差异来源于英汉传统哲学、文化对心的认知理解的差异。

二、汉语哲学文化对心的认知

人类是体验的人类，人类不仅仅是生物体。人有文化和社会身份，而语言会反映人的身份，或者说该语言的群体或个人的历史文化体验会在该语言中表现出来。

事实上，认知科学的研究已经证明，人们的思想受文化体验的影响，人对意义的理解以及人们的情感和思想主要来自于对社会文化的体验。因此 Gibbs[16]说所有的知识都来源于对文化环境的体验。认知是需要体验的，而语言毕竟是一种文化形式，因此研究语言就要研究语言的社会文化背景，因为语言的概念大量是由文化系统形成的，而语言的运用也大量地依靠文化系统而得以理解。[17]研究汉语的心，我们要从汉语的文化背景，也就是汉语的传统文化入手。而传统的汉语文化主要受其传统哲学的影响。下面我们来看一下汉民族的传统哲学对心的认知。

汉族先民们在与自然交往以及在自身长期的生活和生产实践中体验到物体受阳光照射时，有向阳和背阴两面，他们分别把物体向阳的一面叫阳，背阴的一面叫阴，由此产生了阴阳概念。继而不断引申，进一步广泛解释自然界与社会界的所有现象。《易经》对阴阳进行了全面概括，形成系统、完整的阴阳学说。同时汉族先民们在长期的生活和生产实践中认识到木、火、土、金、水是必不可少的最基本物质，并由此认为：世间一切事物都是由木、火、土、金、水这五种基本物质之间的运动变化生成的；这五种物质之间，存在着既相互资生又相互制约的关系，在不断的相生相克运动中维持着动态的平衡，这样就产生了五行学说。阴阳五行说可以说是汉民族最早的哲学。

继后道家提出了“天人合一”、“天人应对”的观念，道家把人体看成是一个微观的宇宙，微观是宏观的反映，即：人们认知了人就可以认知大千世界，认知了大千世界，也就认知了人体。古代天人合一的思想可以从《文子·九守》[18](49): 82 中看出。“老子曰：人受天地变化而生，……头圆法天，足方象地。天有四时、五行、九曜、三百六十日。人有四支、五藏、九窍、三百六十节；大有风雨寒暑，人有取与喜怒，胆为云，肺为气，脾为风，肾为雨，肝为雷。人与天地相类，而心为之主；耳目者日月也，血气者风雨也。”老子(约公元前 581—公元前 500)第一次把心突出为人体之主。庄子(约公元前 725—公元前 645)提出心是思想之器。“五月而成，十月而生。生而目视，耳听，心滤。”《管子·水地》中的“心滤”就是心用于思想。在《管子·宙合》中，庄子提出“心司虑”[18](49): 749，而“心司虑”则是心负责思想。庄子在《管子·心术上》[18](49): 784 说：“洁其宫，阙其门”；“宫者，谓心也，心也者，智之所也，故曰‘宫’。“心也者，智之所也”就是说心是智慧所在。

儒家也认为心是人的精神之所在，人通过心的思想就能洞察事情的真伪。下面看一段孔子(约公元前 551—公元前 479)与其孙子子思的对话。“子思问于夫子曰：‘物有形类，事有真伪，必审之，奚山？’子曰：‘由乎心，心之精神是谓圣，推数究理，不以物疑。’”《孔丛子·记问》[18](49): 390

孟子(约公元前 372—公元前 289)也断言心的功能是思想，他认为人要有好的理解和推理能力，只有通过思和想。“心之官则思，思则得之，不思则不得。”

荀子(约公元前 313—公元前 238)认为心是认知的中心器官。“人何以知道？曰：心。心何以知？曰：虚壹而静。”《荀子·解蔽篇》[18](49): 362 这里的“道”是天地之道，即大千世界万物是怎样形成的。心可以认知世界万物是怎样形成规律的。

明朝的王阳明(1472—1529)是新儒家学派的领袖人物，也是“心学”主要倡导者，他认为“这视听言动皆是汝心。汝心之视，发窍于目；汝心之听，发窍于耳；汝心之言，发窍于口；汝心之动，发窍于四肢”《王阳明·传习录上》[18](54): 15。在这里王阳明认为人的视听言动皆听心的指挥。

道家认为心也是情感的所在，一切情感皆源于心。道家把所有的情感，无论积极的或是消极的都认为是背离了道和德。因此庄子说："悲乐者，德之邪。喜怒者，道之过。好恶者，德之失。故心不忧乐，德之至也。"《庄子·刻意》[18](49): 41

以上讨论了汉民族古代哲学对心的理解，而中医学是汉民族古代哲学实践和应用的最好典范。因此讨论汉民族古代哲学与文化不得不提到中医学。

中医用阴阳五行说及气理论来辩证论述人体生理、心理现象。中医对心的论述与汉民族传统哲学对心的认知如出一辙，认为心是身体的统治中心。《黄帝内经·素问》[18](65): 10中说："心者，君主之官也，神明出焉。"汉朝华佗认为"心者，脏之尊号，帝王之称也"。中医认为"心主神"是精神之所在。"所以任物者谓之心，心有所忆谓之意，意之所存谓之志，因志而有变谓之思，因思而远慕谓之虑，因虑而处物谓之智。"《灵枢》[18](65): 91因此，意、志、思、虑、智皆由心发出，心是思想、精神之所在。中医把神分为五种，即：神、魂、魄、意、志。所以"心为五脏六腑之王，而总统魂魄、并赅意志。故忧动于心则肺应，思动于心则脾应，怒动于心则肝应，恐动于心则肾应，此所以五志唯心所使也"[19]。因此五种情感都起源于心，也受心的操纵、驱散。因此中医认为心也是情感所在。我们说中医与汉民族传统哲学一样都是"心中心主义者"。

三、英语哲学文化对心的认知

英语哲学文化属于西方哲学文化体系，因此这里主要研究西方哲学文化对心的认知。根据 Høystad[20]的观点，早在公元前，心和肝作为思维的地位就受到脑的挑战。第一次挑战是由古希腊医生 Alcmaeon of Croton(约公元前 5 世纪)在科学解剖人体后提出的，他声称感觉(Senses)和推理(Reason)存在于脑中。在西方，心由于处于身体中间，一直被认为是"心灵(Soul)与智慧所在"[21]331。

Jager[22]指出在西方历史上，在古希腊哲学、医学时代，建立了两种传统：一种受心理学(Psychology)影响，认为人的中心是心；另一种受人类学(Anthropology)影响，认为人的中心是头。这两种传统就是人们所说的"心中心主义"(Cardiocentrism 或 Cephalocentrism)和"脑中心主义"

(Cerebrocentrism 或 Encephalocentrism)。心和脑在古希腊“四液”(Four Humors)理论中都被列为人体中的重要器官。比古希腊更早的古文明如古埃及人和希伯来人把心作为中心器官，而古希腊人对什么是人的中心器官分成两派：一派选心，一派选脑。[21]

柏拉图(Plato)(约公元前427—公元前347)和第欧根尼(Diogenes)(约公元前 400—公元前 325)拥护脑中心主义，而其他诸如亚里士多德(Aristotle)(约公元前384—公元前322)等人则拥护心中心主义。提出“四液”理论并被西方尊为“医学之父”的古希腊著名医生，西方医学奠基人希波克拉底(Hipporates)(约公元前460—公元前377)是既拥护脑中心主义又拥护心中心主义的代表。[23]20

受古希腊最早对神经系统感兴趣的人之一 Alcmaeon 的主张“脑是感觉(Sensation)和思想(Thought)的中心器官”的影响，柏拉图认为脑是身体中最重要的器官，灵魂(Soul)由三部分组成，而其中最重要的理性(Rational)则指派于头或头中的脑。[24]67 柏拉图认为脑或许是听觉、视觉和嗅觉的原动力。他同时认为心只是动脉结，是血液的源泉。脑中心主义在当时是少数派，与之相对的心中心主义则是多数派。最著名的心中心主义者就是希腊伟大的哲学家亚里士多德。他认为心是身体其他器官发展的源泉。[20]57

由于心是血液产生的基础，所有器官由于血液而得以生长，因此他认为心是身体的主要器官，是思想和知觉的中心，而脑是仅次于心的器官，其功能只是冷却血液的热。他还强调心是灵魂的所在，灵魂存在于整个身体，是身体中的主要力量，灵魂来自于心。[25]265-266 亚里士多德还认为，来自于心的灵魂控制着人体，因此心和灵魂紧密相连，为什么心是中心，因为灵魂存在于心中。由于亚里士多德的影响力，心中心主义几乎一直持续到现代。[20]

根据 Erickson[23]199 的论述，希波克拉底所认为的心是一个裹着强壮肌肉、大的热心房，心房里装有主宰智能的灵魂，因此是心而不是头是人体的首脑，心是智力所在。然而按照希波克拉底所著的《神圣的疾病》(*The Sacred Disease*)记载，脑被理解为负责人的情感、知觉、道德判断及智力的器官。所以说他既拥护脑中心主义又拥护心中心主义。

而古罗马医学家盖仑(Galen，129—199)进一步发扬光大了希腊希波克拉底的“四液”理论，他强烈反对亚里士多德的心中心主义，他认为人体的支配器官是脑而不是心，感觉、知觉和认知是脑的功能，而情感则位于心。[22]脑是支配器官(Hegemonikon)。盖仑运用实验、推理、类比等方法，推翻古代的传统看法，建立了他自己的“脑是智力、情感、感、知觉的所在”的理论。[24]15 他批驳了心中心主义认为的“因为人的营养来源于心，因此心就是理性的源泉、智力的所在”的观点。他认为心仍然是生命的中心器官，但是他重塑了柏拉图的三灵魂论(Three Souls)；他认为理性之魂(Rational Soul)统治着理性思想并引起感知和运动，生命之魂(Vital Soul)统治情感并提供生命之力，自然之魂(Natural Soul)控制营养，三魂分别位于脑、心和肝。[23]他认为脑和脊髓是唯一的神经源，这一观点与心中心主义所认为的心是人体神经的源泉完全相反。[21]334

在中世纪对心中心主义还是脑中心主义的争议一直存在。《圣经》是基督教心中心主义的权威代表，《圣经》认为心是感情、意识、记忆、意志的中心。圣·保罗(Saint Paul)追随希伯来人的“心是理性、感情、意志中心”说，而圣·奥古斯丁(Saint Augustine)在《忏悔录》(*Confession*)中说心是语言的中心，心的作用在于读、写，心是记忆、理解、情感的所在。[22]128-129

随着西方对理性越来越多的认知，从文艺复兴时代起，人的中心开始从心转向头(Head)，其中一位先驱就是伯拉尔德·西尔维斯特(Bernardus Solvestris，约 1085—1178)。他是一位中世纪柏拉图哲学家，他在《论宇宙》(*Cosmographia*)中把人的智力与智慧归于头，并详述了人的认知活动，他认为智慧选择头为之所在，头有三室，在这三室中放着三种灵魂力(Power of Soul)，每室以不变的次序完成自己的功能。回忆器官位于后室，沉思功能位于最前室，理性功能位于中室，当五官把外界所感官的事物传于其中，这三室协作工作。他仍然用的是灵魂三分法，但他的灵魂三室都位于头，而不像过去认为的灵魂三室分别位于人体的三个部位：脑、心和肝。笛卡尔(Descartes)(1596—1650)扩展了柏拉图的人类学，他认为灵魂不仅位于脑中，更具体地说是位于松果体腺(Pineal Gland)中，而松果体腺位于脑中心。[22]笛卡尔认为松果体腺是灵魂与人相互作用的发生区。在笛卡尔的两分法中，灵魂(Soul/Mind)是与人体分离的，是没有身体体验的灵魂(Disembodied Rational Mind)。他认为身体只是一种机器，神经系统根据机器现象而起作用，心是一个动力，一个控制血液循环的动力泵，使血液周身循环。[26]134《圣经》和西方文化的互相作用表明：西方文化早期倾向于心中心主义，心中心主义一直到中世纪都处于统治地位，而到了近、现代心中心主义被脑中心主义所替代。

四、讨论与结论

从“汉语哲学文化对心的认知”中我们知道，在汉语文化中，儒家、道家思想一直统治历史舞台(而佛教的思想也与他们没有多少差异)，他们都把能使人的思想和认知“器官”部分归于心。他们一直认为心支配精神，也就是英语认为的mind。在汉文化中，精神一直被认为是人与大千世界互动体验后在心中所产生的结果。而且，心作为所有情感与智力活动的中心以及人类认知活动的中心器官的概念在汉民族哲学和文化中一直没变。语言反映文化，所以在现代汉语反映出来的心的语义是：既有思维义又有情感义。

从“英语哲学文化对心的认知”中，我们看到早期西方哲学和文化认为心是人体的中心器官，到古希腊分裂成心中心主义和脑中心主义两派。当时脑中心主义是少数派，仅局限于像柏拉图和盖仑这样的哲学家和医生。中世纪后，知觉中心转到了头。随着医学科学的发展，人们对人体有了越来越多的认识，理性主义时代的到来，又导致进一步的两分法的区分，头或脑为理性、智力、思想的中心，心作为情感、激情、感情的中心。这样就出现了西方哲学文化中的心、头两分法。

认知就是人们与其他人、周围环境、周围自然世界、文化世界进行动态互动时所发生的事情在人身上的反映，人类的语言与思想在反复的体验活动中而产生，认知不是纯内在的、符号象征的、计算的或与体验无关的。虽然人类都有相同的生物、生理基础，但是不同人的体验是不一样的，人类的体验不仅有生物的自然体验，还包括社会的、文化的体验，或称“社会-文化体验”。因此，当西方哲学文化产生心、头两分法时，处于该哲学文化中的人就自然而然地体验到，并把这种体验的结果反映到其语言中，这样就出现了以下情况：中古英语时期，心既是情感又是思想的中心，到了现代英语心作为了情感的中心，脑作为了思想的中心。其实，从科学上来说，脑既控制思想也控制情感，又控制运动。所以我们说现代英语中的心是情感中心的概念，它仍然受哲学和文化的影响，而不是受医学科学的影响。

现在我们可以回答汉语的“心”为什么思维义那么能产，而英语的“heart”几乎没有思维义以及他们语义差异的文化理据了。其文化理据是：英汉传统哲学、文化对心的认知理解的差异。在英语“heart”义中，情感义是主要的、突显的，因为思维义被表示跟头或脑有关的“mind”取代了，所以在英语“heart”义项中只留下情感义，其情感义就突显了。因此我们说英语“heart”义项中，情感义是主要的、突显的，此情感义的文化理据不是“英语族人受基督教的虔诚、奉献、博爱的影响”，而是受其哲学和文化的影响。

参考文献：

[1] 汉字信息词典[M]. 北京：科学出版社，1988.

[2] 汉语大词典[M]. 成都：四川出版社，1986.

[3] 常用构词字典[M]. 北京：中国人民大学出版社，1984.

[4] 汉语惯用语词典[M]. 北京：外语教学与研究出版社，1985.

[5] 王陶宇. 歇后语大辞典[M]. 成都：四川辞书出版社，1988.

[6] 王文斌. 论汉语“心”的空间隐喻的结构化[J]. 解放军外国语学院学报，2001，(1)：57-66.

[7] 齐振海. 从英汉对比角度论心的隐喻——基于英、汉语料库的对比研究[J]. 外语研究，2003，(3)：24-27.

[8] 齐振海，覃修贵. “心”隐喻词语的范畴化研究[J]. 外语研究，2004，(6)：24-28.

[9] 卢卫中. 人体隐喻化的认知特点[J]. 外语教学，2003，(6)：23-28.

[10] 张建理. 汉语“心”的多义网络：转喻与隐喻[J]. 修辞学习，2005，(1)：40-43.

[11] 侯玲文. “心”义文化探索[J]. 汉语学习，2001，(3)：54-60.

[12] Ning Yu. *The Chinese HEART in a Cognitive Perspective—Culture, Body, and Language*. Berlin/New York: Mouton de Gruyter, 2009.

[13] 张建理. 英汉“心”的多义网络对比[J]. 浙江大学学报(人文社会科学版)，2006，(5)：161-168.

[14] *Oxford English Dictionary*. Oxford: Clarendon Press, 1989.

[15] *Longman Dictionary of Contemporary English*. London: Longman Group Ltd., 1995.

[16] Gibbs, Raymond W. Taking metaphor out of our heads and putting it into the cultural world. In: Raymond W. Gibbs & Gerard J. Steen (eds.). *Metaphor in Cognitive Linguistics*. Amsterdam/Philadelphia: John Benjamins, 1999. 145-166.

[17] Palmer, Gary B. *Toward a Theory of Cultural Linguistics*. Austin, TX: University of Texas Press, 1996.

[18] 季羡林(总编). 传世藏书[M]. 第 49、50、54、65 卷. 海南：海南国际杂志出版中心，1995.

[19] 王琦主编. 中医藏象学[M]. 北京：人民卫生出版社，1997.

[20] Høystad, Ole M. *A History of Heart*. Trans. by John Irons. London: Reaktion Books, 2007.

[21] Crivellato, Enrico, & Domenico Ribatti. Soul, mind, brain: Greek philosophy and the birth of neuroscience. *Brain Research Bulletin*, 2007, 71：327-336.

[22] Jager, Eric. *The Book of the Heart*. Chicago: Chicago University Press, 2001.

[23]Erickson, Robert A. *The Language of the Heart*. 1600—1750. Philadelphia: University of Pennsylvania Press, 1997.

[24] Clarke, Edwin, & C. D. O'Malley. *The Human Brain and Spinal Cord: A History Study Illustrated by Writings from Antiquity to the Twentieth Century*. Berkeley: University of California Press, 1968.

[25] Stevens, Scott Manning. Sacred heart and secular brain. In: David Hillman and Carla Mazzio (eds.). *The Body in Parts: Fantasies of Corporeality in Early Modern Europe*. London/NewYork: Routledge, 1997. 263-282.

[26] Doueihi, Milad. *A Perverse History of the Human Heart*. Cambridge, MA: Harvard University Press, 1997.

后记

认知语言学的研究目前正在如火如荼地进行中，已有许多研究成果，而语料库的研究也正在兴起。在拜读这些研究成果时产生了一个念头：是否可以把他们的研究成果应用到英语教学中，以促进英语教学？因此就产生了写本书的想法。首先，在大量研究认知语言学的论文与论著中，大部分都是研究语言本身，而把研究成果用于英语教学中的不多。其次，在一些已有的认知语言学理论在英语教学中的应用研究成果中，大多较单一，很少从教学法的角度去研究。因此我尝试从教学法的角度来系统地阐述认知语言学与语料库语言学理论在英语教学中的应用。这也是本书书名的来由：辅以语料库的新认知教学法在英语教学中的应用。由于认知语言学的理论十分广泛，而本书的写作又十分仓促，因此书中只涉及该理论的部分原理，对于该理论的其他原理在英语教学中的应用，希望能在以后的研究中再具体分析。作者也期待以这部拙作能抛砖引玉，促使更多的专家学者来研究认知语言学和语料库语言学在英语教学中的应用。在写作过程中，作者参考了许多国内外专家学者的著作，在此谨向他们表示感谢。

由于作者水平所限及写作时间仓促，书中错误之处在所难免，恳请专家学者和广大读者提出宝贵意见。

作　者

2011 年 4 月

图书在版编目(CIP)数据

辅以语料库的新认知教学法在英语教学中的应用 / 黄剑平著. —杭州：浙江大学出版社，2011.6

ISBN 978-7-308-08779-7

I. ①辅… II. ①黄… III. ①英语—教学法 IV. ①H319.3

中国版本图书馆 CIP 数据核字(2011)第 106410 号

辅以语料库的新认知教学法在英语教学中的应用

黄剑平 著

责任编辑 张颖琪
封面设计 刘依群
出版发行 浙江大学出版社
(杭州天目山路 148 号 邮政编码 310007)
(网址: http://www.zjupress.com)
排　　版 杭州中大图文设计有限公司
印　　刷 德清县第二印刷厂
开　　本 710mm×1000mm 1/16
印　　张 10.5
字　　数 210 千
版 印 次 2011 年 6 月第 1 版 2011 年 6 月第 1 次印刷
书　　号 ISBN 978-7-308-08779-7
定　　价 25.00 元

浙江大学出版社发行部邮购电话 (0571)88925591